怪談怨霊館

Coco

竹書房
怪談
文庫

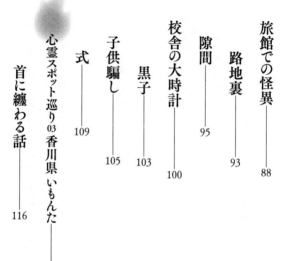

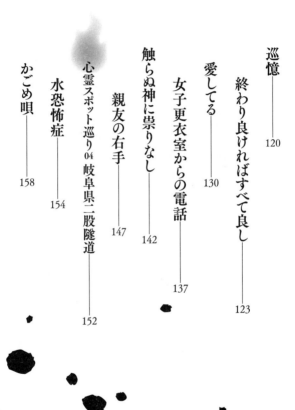

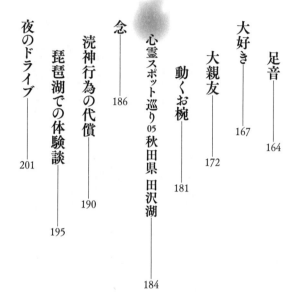

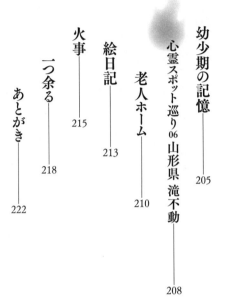

常連のお婆さん

主婦のヤマウチさんが、今日の献立を何にしようかと考えながら、スーパーマーケットで買い物をしていた時のこと。

この日は卵と野菜が安かったこともあり、野菜炒めと水餃子入りのスープにチャーハンでも作って、中華風にしようかな、などと思いながら物色していた。

すると目の前に、職場でよく見かけ、会えば世間話をする仲のお婆さんが歩いてくることに気が付いた。

ヤマウチさんは近所のクリーニング店で働いているのだが、そこを頻繁に利用してくれる老夫婦の奥さんなのである。

ちょうど向こうも夜ご飯の買い物にでも来たのだろう。店内をうろうろと歩いていた。

「どうも、こんばんは」

ヤマウチさんがすれ違いざまに挨拶をする。

お婆さんはにこやかに微笑《ほほえ》み、会釈で返してくるだけであった。

普段であれば世間話の一つや二つをしていくのに。

もしかすると、まだお婆さんの体調が思わしくないのかもしれない。ヤマウチさんはそう案じ、呼び止めたりせずに軽い挨拶だけで済ませることにしたという。

実は最近、このお婆さんが店に来る頻度がめっきり減ってしまっていたので、体調を崩していたのかもしれないと思っていたのだ。

しかし、にこやかに笑った様子や歩き方などは、逆に普段よりも元気そうであった。ただ、花粉症なのだろうか、両方の鼻にティッシュが詰められていた。


数日経ったある日、店に老夫婦の旦那さんが衣服を持って来られた。その時、スーパーで買い物をしている奥さんと偶然出会ったこと、奥さんは元気にしているかということを尋ねると、旦那さんはとても驚いた顔をした。

「妻は一ヶ月以上前に病気で亡くなっております」

不思議に思っていたあの白い詰め物の意味が、ようやく理解できたそうだ。

見えるようになったきっかけ

「初めて心霊体験した時の話なんですけど……」

そう話を切り出した。

サカタさんは、いわゆる霊が見える人である。物心ついた時からそうだった、というわけではなく、見えるようになったきっかけがあるのだという。


二十年ほど前の冬頃、当時高校一年生だった彼は演劇活動にハマっていた。

近所の大型デパートに演劇の教室が新しくオープンして、火曜日と土曜日の週二回、通っていたという。この日は、昼過ぎから稽古があったので、母の運転する車で、家族三人デパートへと向かう。サカタさんが稽古に行っている間に、母と姉は買い物を済ますのが恒例の流れとなっていた。

地下の駐車場に車を停め、三人で店内入り口に向かって歩いていた時のこと。

突然、彼の肩が誰かに腕をまわされたかのように、ズンっとした重みを感じた。

姉がふざけているのかと思い、その場を見まわしたが、買ったばかりの携帯を夢中で弄《いじ》っている。きっと気のせいだろう、あまり気にも留めず店内に入った。

ちょうど学ラン姿の男の子がエレベーターに乗り込み、扉が閉まっていくのが目に入る。サカタさんは小走りでエレベーターへ近付いた。すぐにボタンを押して、別の階へ移動する前に乗ろうと思ったのだ。

しかし、その手を止めた。以前、閉まりかけたエレベーターを開けた時、中にいた人達の刺さるような視線が痛く、気まずかったことを思い出したのだ。

そのまま次が来るまでやり過ごすため、エレベーターが移動するのを待っていると、モーター音が停まり、階数を示すランプが消えてしまった。

(あれ、なんでや?) と思っていると。

「あんた何してんの?　はよボタン押しいや!」

せっかちな母がすかさずボタンを押した。すると、すぐにエレベーターの扉が開いた。中には先ほどの男の子どころか、誰の姿もなかった。

男の子の乗ったエレベーターが閉まってから、ほんの数秒の出来事だった。

「えっ、今の子どこ行ったんやろ?」

「なにいうてるん？　今の子って、誰のことや？」

母は不思議そうな表情を浮かべながら言った。

母が嘘をついたりするとは思えないし、そもそもする必要もない。姉はというと相変わらず携帯に視線を落としたままだった。

（あれは、単なる勘違いだったのか）と無理やりに自分を納得させ、三人でエレベーターに乗り込んだ。目的の階のボタンを押した瞬間。一気に身体中から汗が噴き出してきた。

暑くもないのにおかしい。呼吸がしづらく、頭の芯から割れるような痛みが続く。

目的のフロアに着くと、家族に別れを告げ、重たい足取りで教室へ向かった。

痛みは和らぐことなく、時間の経過とともに酷くなっていった。そんな状態の中、稽古をしていたが、立っているのも限界だった。見かねた先生が親を呼び、姉と母に支えられるように家に帰った。

それから数日間、謎の高熱にうなされた。寝込んでいる間の記憶はほとんどない。

（生きていても苦しいだけで何もいいことがない）

ネガティブな思考が脳裏を駆け巡った。無性に悲しく、目を覚ますと頬に涙が流れた跡があった。

熱がようやく下がったサカタさんに、姉がこんなことを言った。

「あのエレベーター乗る前に、学ラン姿の男の子見たでしょ。あんた、その子に取り憑かれたんだよ。お母さんには見えてなかったみたいだけど、私は見えてたから……」

あれは見間違えなどではなかったのだ。霊が見えるという姉の意外な側面にも驚かされたが、なぜ自分だけこんな目に遭うんだ、という不満の感情が湧いた。

過去にあのデパートの屋上から中学生の男の子が飛び降り自殺をした、という悲しい事件があったことを知人づてに知ったのは、それからすぐのことだった。

男の子はこの近くの出身ではなかった。ここから二県も離れた場所から、わざわざ自殺をするためだけにこのデパートに来たのだ。ことの原因はいじめであったという。

あの光景をもう一度思い返し、背中に冷たいものが走った。

扉が閉まる直前にエレベーターの鏡越しに男の子と目が合った。その目は色彩を失い、寂しげだった。だが口元は微笑んでいるようにも見て取れた。

きっとあのエレベーターで最上階へ上り、飛び降りたのだ。

乗っている間の男の子は、いじめの苦しみや孤独からやっと解放される、という哀しい希望に溢れたものだったのだろう。

「一緒だったんです。実は僕も小学校からずっといじめを受けていて、きっと向こうもそれに気が付いたんだと思うんです」

お互いに通じるものがあり、憑依されたのか？　それとも、サカタさんの苦しみを感じ取り、死んだ方が楽だよと教えようとしていたのか？


このことがあって以来、サカタさんは日常的に霊が見えるようになったのだという。

ただ、あの男の子を見たのはその一度きりだった。自分と同じ境遇で、悲しみを少しでも理解してくれたサカタさんは、その子にとって唯一の救いになったのかもしれない。

おとなりさん

二十代男性のオオクボさんは、会社でテレワークが導入されたことで、日々の生活にゆとりを持てるようになった。

そこで、彼は働くようになってから長らく触れていなかったオンラインゲームに再びのめり込むようになったのだった。

高性能なパソコンやヘッドセットなど、ゲームをやり込むのに必要な一式を大人買いし、一部の家具をそれに合わせて新調して、部屋の一画をゲーム専用のブースに仕上げた。

これを完成させるまでに費用はかなり掛かったが、外出が減ったことで日々の生活で掛かる支出は少なくなっていたし、そもそもオオクボさんの住むマンションは相場より家賃が安かったので、そこまで問題はなかった。

毎晩ゲームをしていると、白熱する場面や悔しい場面も当然起きてくる。それに反応して、気づかぬうちに物音が大きくなってしまったり、あるいは大きな声を出してしまったりすることもあった。

すると、部屋の壁がドンッと鳴る。

オオクボさんが住むマンションは内装こそ綺麗にリフォームされているが、それなりの築年数が経っていて防音性が優れているとは言えなかった。彼が出した音は隣の部屋にまで漏れていたのである。

しかし、ヘッドホンを通しても聞こえてくるほど大きい隣人の主張の音も、オオクボさんは空耳だと思って気にすることはなかった。

それからも少し大きな物音を立てるたびに壁がドンッと鳴るようになった。それでも彼はまったくお構いなしに普段の生活を続けた。


なぜオオクボさんが、隣人の迷惑を気にすることなく大きな音を出し続けたのか。

それは、そもそも隣人などいなかったのを知っていたからである。彼の部屋は角部屋のため隣接する部屋は一つしかなかったし、その一部屋も現在空き部屋だった。

幽霊の存在など信じないオオクボさんは、存在しない隣人の怒りなど無視していたのである。

その日もオオクボさんはゲームをしていた。あと一歩というところで敗北することが続き、悔しくてたまらなかった彼は怒りのあまり机を叩いて大声を出した。

すると壁がドンッとなる。

「うるせえな、住んでもねえくせに文句言うんじゃねえよ」

彼はつい存在しない隣人にも怒ってしまった。

すると、再び壁の方から音が響いた。しかし、今度はガリガリと何かを削るような音で、いくら待っても止まる気配はなかった。

さすがのオオクボさんも、この場にいてはまずいと本能的に思い、着の身着のままで家を飛び出すと、事情を説明して近くに住む友人宅に泊まらせてもらった。

翌日はオオクボさんも友人も仕事が休みだったので、友人と二人で彼の自宅の様子を見に行った。玄関のドアを開けるや否や、何かが腐ったような臭いが鼻を突いた。部屋の中はひどく荒らされていて、所々に土のようなものが残されていた。何より、隣との壁に、人ひとりが屈めば通り抜けられるほどの大きな穴が開いていた。

オオクボさんはすぐさま警察を呼んだ。

警察の到着後しばらくすると警察が連絡した管理会社も来て、隣室も含めて確認することとなった。しかし、彼の部屋の中は荒らされてはいるものの何かを取られた形跡はなく、また隣室も綺麗なままだった。

不審な点はどちらの部屋もあの腐った臭いが立ち込めていたことだったが、それだけでは事件性があるとは言えないため、警察ではどうすることもできないそうだった。オオクボさんはすぐに部屋を引っ越すことを決め、ゲームも辞めた。


あの横穴の補修費用の請求はオオクボさんに来ることもなく、結局どうなったのかは分からないが、退去後しばらくしてマンションを見に行くと、大規模な耐震補強工事をしていたそうなので、おそらく埋められたのだろうということだった。

コールセンター

十数年前、ミズノさんの旧友ヨシダさんが久しぶりに地元へ帰省するということで、中学時代の仲良しグループが数人集まった。

その時、ヨシダさんが皆に聞かせてくれた話である。

ヨシダさんは高校卒業と同時に当てもなく東京に出て職を転々としていた。元々の目的は俳優やモデルの仕事がしたかったそうなのだが、そう上手くいくことはなく、途中で挫折してしまい、コールセンターのアルバイトをしていた時期があった。

そのバイト先というのが、かなり待遇が良かったそうで、オフィス街の一角に職場があり、冷暖房完備なので年中快適だったという。

おまけに仕事内容がとても簡単で、顧客名簿一覧を上から順番に電話を掛け営業していくだけの仕事だった。コールセンターといっても、精神的負担の大きいクレーム対応というものではなく、ヨシダさんがやっていたのは電話での勧誘販売だった。

この仕事は契約が取れれば取れるほど、その分ボーナスが加算される仕組みになっており、バイトでも月に三十万円以上も稼げる時があったという。

ヨシダさんは元々口が上手かったこともあり、入ってすぐに成績上位者になった。彼にとって、この仕事はまさに天職だったのである。しかし、若干詐欺まがいなこともして契約を取っていたと話す。

最初に配属された部署は、高齢者向けの健康器具や健康食品の販売だった。高齢者に電話を掛け、親身になって話を聞いてあげる。そして言葉巧みに高額な商品を契約させるというもの。時には効能を少し偽ったり、あえて難しい言葉を使用したりして、売りつけていたこともあるという。

「年寄りは〝健康〟という言葉に弱いんだよ。金もたんまり貯め込んでて、ボケてて頭が悪い。しかも寂しがり屋なんだ、だから親身になるとすぐに契約してくれる。健康を考えてくれてありがとうって感謝もされるしな」

ヨシダさんはそう口汚く罵っていた。

次に配属されたのがベビー用品の販売部門だった。ヨシダさんはここでもすぐに頭角を現し、成績上位者に君臨した。

「妊婦ってのは、マタニティハイになってて勢いで契約させやすいんだ。安全のためだとか、お子様のためですよって言ったら、もうイチコロよ。逆にマタニティブルーになってる妊婦は不安を抱いてるから、安心させるような言葉を掛けたりすれば即契約するね」

ヨシダさんはそんな風に言っていたという。


その日も、ヨシダさんは普段通り顧客名簿を上から順番に電話を掛けていた。そして、ある女性と会話が盛り上がっていた。彼女はイトウさんという臨月を迎えた妊婦である。こちらから会話をしなくても、話が途切れることのないほど彼女はよく話す、お喋りな女性だった。聞いてもいないのに赤ちゃんの名前がどうとか、性別がどうとか話してくるのだ。電話越しでも伝わるほどのハッピーオーラ。ヨシダさんは確信していた、この女は必ず契約すると。

彼女の話では、今までずっと不妊治療をしていて、やっと授かった第一子なのだという。ひとしきり彼女とお喋りをしてから本題に入っていく。

「ベビー用品って、もう全部揃えましたか？」

「一応、揃えはしたんですけど、まだ買ってないのもあるんです。高いものとか、どれがいいのか迷ってたり、分からなかったりするものも多くて……」

チャンスだとヨシダさんは思った。聞くとベビーベッドはまだのようだ。今は和室で寝たりしてベビーベッドを使わない家庭もあるが、そこはいかに魅力的かつ相手に必要だと思わせるかが腕の見せ所だと、ヨシダさんは意気込んだ。

「布団だけだと赤ちゃんを蹴っちゃったり踏んじゃったりするので危ないですよ。うちにいいベビーベッドがあるんです。他社のものより柵の幅が狭くできてましてね。従来のものですと稀に柵の間に首が挟まって事故死するケースもあるんですが、うちのはそんな心配はいりません……」

そう言葉巧みに説明し、ベビーベッドと、窒息防止寝具一式など、を契約させた。そろそろいい頃合いだろうと思い、

「支払い書の方を後日お送りさせて頂きますので、届きましたら支払いをお願いします。では、失礼します」

そうイトウさんとの電話を切り、また次の番号に掛けていく。この日の営業成績は言

うまでもなく、ヨシダさんが一番だった。

それからひと月ほど経った頃。ヨシダさんは朝一で上司に呼び出されていた。

「一ヶ月前にヨシダ君が契約を取ったイトウ様なんだけど、支払いがまだされてないみたいなんだよね。催促のハガキも送ってるけど、一応確認の電話してくれる？」

と上司に忠告を受けてしまったのである。

「手間を取らせてしまい申し訳ありません。すぐに連絡します」

そう言って、急いで名簿からイトウさんの電話番号を探し出した。すぐさま電話を掛けるが一向に出る気配がない。まさか、今さら冷静になって購入を考え直そうとしているのでは、とヨシダさんの心中には焦りの気持ちが生じていた。

とりあえず、もう一度掛け直そう。すると何コールかが鳴り終わった時、ガチャっと電話を取る音がした。

「もしもし、ベビーグッズの販売をしているヨシダと申します。イトウ様のお宅でよろしかったでしょうか？」

「もしもし、イトウです。あ、ヨシダさん？　まだ届いてませんけど、すっごく良い商品を紹介してくれてありがとうございます」

以前と同様の明るい声が聞こえてきて、心変わりはなさそうだ、とヨシダさんはホッと安堵した。

「どうも、先月はご契約ありがとうございました。あのですね、実はお支払いのはがきがそちらに届いていると思うんですけども……」

――ふんぎゃあぁ、ふんぎゃあぁぁ。

話し出したと同タイミングで、イトウさんの電話の向こうで赤ん坊が泣きだしてしまった。その泣き方があまりに凄く、声が気になって会話にならないのだが、イトウさんはあまり気にしていないようで、あやす様子もなくそのまま一方的に喋り続けている。

「妊娠前は私も細かったんですけどね、旦那のためにも早くスタイルを戻さないとって思ってるんです」

こちらの会話内容と嚙み合っておらず、何の話をしているのかわけが分からない。

ふと、これは育児ノイローゼだと思った。明るい声ではあったが、どこか無理をしているような陰のある声に感じたのだ。そう気が付くと、彼女の疲れようは電話越しでも手に取るように伝わってくる。不妊治療をしていたらしいから、おおかた不慣れな育児に疲れ切ってしまったのだろうと考えた。何人かそういう契約者を相手にしたことがある。

「イトウさん、大丈夫ですか？　すごくお疲れになっているみたいですが」

労いの言葉を掛ける。そうすると大体の場合は上手くいくのだ。

「お子さんが呼んでいるみたいですし、行ってあげてください。電話はその後でも大丈夫ですので」

そう声を掛けた瞬間。

「赤ちゃんは死産しました。シザンしました。シザンシマシタアア」

明るい声色のまま彼女は壊れたラジカセのように、何度も同じ言葉を繰り返した。それだけではない、奥で聞こえていた赤ん坊の泣き声が、徐々にノイズ混じりの機械音のような不気味な声に変わってくる。

ヨシダさんは怖くなり、ガチャリと勢いよく電話を切ってしまった。

あまりの異様さにすぐに上司に報告しに行った。この会社には電話対応で何かトラブルがあった時のために、すべての会話が録音されている。上司と二人で録音テープを聞き返すことになった。

上司が再生する。すぐに受話器が上がり、

「もしもし、ベビーグッズの販売を……」

とヨシダさんの声が入る。そして彼が電話を切ってしまうまでの間、しっかりと録音は続いていたのだが。二人は無言のまま顔を見合わせた。

録音には赤ん坊の泣き声など一切入っていなかった。それどころかイトウさんの声すらも入っていなかったのだ。ヨシダさんが終始一人で、誰かと話しているような声だけが録音されていた。

「ヨシダ君は働き過ぎなんじゃないか？　今日は帰ってもいいんだぞ」

上司の言葉でヨシダさんは帰路に就いた。

それからまもなくして、コールセンターのアルバイトを辞めたそうである。

とある建物に纏わる話

ホラープランナー（お化け屋敷や怪談ライブなどのホラーイベントを制作する職業）である私が関わっていた、とある建物に纏わる話である。

建物の歴史については建物の関係者や近所にお住まいの方への聞き込み、そしてネットから得た情報など様々な情報源が含まれるため、事実と異なる点があるかもしれないが、ご了承いただきたい。

そこは元々お寺さんの土地であったという。イベントをする際に都市計画局などで、そこに建つ建物のことを詳しく調べてみたのだが、増改築を繰り返しているようで明確な築年数は分からなかった。ただ、とても古い建物らしく、私が知る限りの一番初めは映画館で半世紀以上前のことである。

その当時、京都の中心街には何十という映画館や劇場が密集しており、その中でもここは大変人気で、ひときわ目立つ場所だったようだ。

二〇〇〇年代に映画館が閉業すると、その跡地にはサウナとゲームセンターができたそうだ。建物は地下一階、地上三階建て（私が関わっていた時点）でどういったフロア割りになっていたかは不明である。現在のこの場所を知っている私からすると、どこにどのような形でサウナが？　と思ってしまうほどに面影がない。

そしてその後は、アミューズメント系のコンセプトレストランとなった。一風変わったコンセプトで爆発的な人気を博し、一気に全国に十数店舗展開していった某有名店である。残念ながら近年に最後に残った東京の店舗もコロナ禍の経営不振によって閉業してしまったようだが……。

このコンセプトレストランの後には、ほぼそのままの内装を居抜く形で、インバウンド客向けのコンセプトレストランと屋内遊技場ができあがり、その店舗が閉業してから私が場所を使用することとなった。

私は主に地下のフロア（約一〇〇〇㎡）を使用し、お化け屋敷やコンセプトカフェなどの運営に勤しんでいた。一階では別の方が音楽劇場（ライブハウス）やバーを経営されており、その音楽劇場をお借りし、怪談ライブを不定期で開催することもあった。

ここから先は、なんらかの形でこの建物に関わった方々から聞かせていただいた、数多くの体験談の一部を紹介していこうと思う。

喫煙室のサラリーマン

インバウンド（訪日外国人）向けコンセプトレストラン時代に働いていた、スタッフのキムラさんから聞かせていただいた話。

地下のフロアで宴会後の片付けを、別スタッフと一緒にしていた時のことである。

もう一人のスタッフはテーブルの上に散らばる皿やゴミを寄せ集め、テーブルを拭く作業を、キムラさんはその寄せ集められた食器類を厨房の洗い場へ持っていくという作業をしていた。

テーブルと厨房への間を何往復かをした最後、厨房までの経路の途中にある喫煙室に、スーツ姿のサラリーマン風の男性が煙草を燻《くゆ》らしている姿が目に入った。

（最後の宴会のお客さんがまだ残っていたのか……）

そう思い、「もう閉店のお時間なのでお帰りください」ということを伝えに行こうと思った。だが、両手は片付けの食器類で塞がっており、喫煙室の扉を開けることができない。喫煙室の前に置いて話しかけようとも思ったが、汚れた食器の山が客の目に付くのも失礼かと、食器類を洗い場へ置いてから声を掛けることにした。

通常よりも少し早足で洗い場へ向かい、食器類を置くと、すぐに喫煙室へと戻る。だが、もうその時にはサラリーマン風の男性はいなくなってしまっていた。長くても三分ほどしか経っていないはず。

レジスタッフにインカムで連絡してみるも、レジで閉め作業をしているけども、誰も出入り口を通っていないという。店のコンセプトの都合上、とても広く、入り組んだ造りとなっているため、もしかすると間違えて店内を彷徨っているのでは？　と思い、手の空いているスタッフ全員でサラリーマン風の男性を探した。

だが、結局どこにも見つからなかったという。キムラさんが体験したのはこれだけだが、店内ではこのようなことは度々起こっており、日常茶飯事だったという。

沖縄民謡の怪

一階の音楽劇場とバーを経営していた、タグチさんから聞かせていただいた話。

劇場は最大キャパシティが八十名ほどの小規模のもので、和楽器ライブやジャズライブ、怪談ライブなど様々なイベントを催していた。

まだコロナ禍に入る少し前のこと。この日は和楽器ライブが行われ、主にインバウンドの客で大盛況となっていた。無事にライブも終わり、タグチさんが演者たちに労いの言葉を掛けに行った。演者同士で何やら会話が盛り上がっていた。

「カミジさん、今日の合いの手パートめっちゃいい感じでした!」

「えっ、今日の合いの手は私じゃないですよ? ヒラノさんじゃ?」

「今日は僕の日じゃないので、僕じゃありませんけど……」

「じゃあ、誰が?」

北は北海道から南は沖縄まで、日本各地の伝統音楽を演奏していくライブで、最後を締めくくる沖縄民謡を演奏する際に、合いの手を入れるパートがある。普段は演者同士が、順番を決めて交代で合いの手を入れているのだが、今日は合いの手を入れる予定だった人が忘れていたようだった。じゃあ、合いの手を入れたのは一体? と一時騒然としたが、結果的に大盛況だったので、問題なしということで誰も深くは気にしなかったという。

タグチさんはこんな話もしてくれた。この日はバーの定休日で、一階のバー部分をレンタルスペースとして男女六人組に貸していた。その六人組は合コンがしたかったようで、自らで食べ物や酒を用意して、場所だけを借りたかったのだという。

レンタル終了までの間、退屈なので事務所で一人休んでいると、コンコンッとノックの音が聞こえてきた。レンタルのお客さんどうかしたのかな？　と思いつつ、

「はーい、少々お待ちください」

すぐに返事をし、扉をガチャッと開ける。しかし、そこには誰もいない。事務所の扉の前は物が散乱しているものの、見通しが良い直線となっている。返事をしてすぐに姿を消すことは不可能といっても過言ではない。

(あれ？　おっかしいなぁ。聞き間違いか？)

念のためにお客様のいるバーの方を覗き込んでみる。楽しそうな声が聞こえてくるだけで特に変わったことはなかった。納得のいかないまま事務所に戻り、ソファに腰を下ろす。すると、またコンコンッとノック音が聞こえてきた。今度はあえて、返事をせずに、近付く足音もたてないように扉を開ける。やはり誰もいない。

こういうことを幾度と繰り返し、やがてレンタル終了時刻となった。

「店長さん、今日はありがとうございました。こんな素敵な場所があったなんて知らなくて、またゆっくり遊びにきますね」

皆ニコニコとした表情で、よほど楽しかったのだろうというのがこちらにも伝わってきた。

「いつでもいらしてください。歓迎します。そうだ、地下にお化け屋敷あるんで、よかったら行ってみたらどうですか？　めちゃくちゃ怖いですよ！」

タグチさんは、いつもバーに来たお客様にもお化け屋敷の宣伝をしてくれていた。

「あっ、さっきお化けさんが挨拶しにきてくれたんです。いやー、すっごいリアルですね。おかげでみんなの距離が縮まりました」

「お化けさん、来てましたか。楽しんでもらえてよかったです！」

彼らの言葉に違和感を覚えたが、追及したい気持ちをグッと抑え、出口まで見送った。

〝お化けが挨拶しにきた〟という言葉。地下のお化け屋敷のアクターが一階に来ることは絶対にないのだ。

もちろん一階の客を、不本意に怖がらせてしまったら申し訳ないというのもある。ただ、それ以上に世界観を壊してしまうので、「アクターは演出以外では絶対に人前には姿を現してはいけない」とプランナーである私が強く言っていたのをタグチさんは知っていた。

元来タグチさんも、無類のオカルト好きなので、彼らにお化けの特徴や詳しい内容を聞きたかったそうなのだが、お客様が不審に思ってしまうと……と考えて深く聞けなかったという。

ちなみにタグチさんが事務所に一人でいるとノックされる現象は、以後も続いている。その現象を引き起こしている霊に〝リザードン〟という名前を付け、喋りかけることで対処しているそうである。

未知であり、恐怖の対象である幽霊に名前を与え、自分の相棒もしくはペットのように扱うことで、恐怖を和らげているのだと笑って教えてくれた。

つくし様の願いごと

四十代主婦のササキさんが「小学生の時に私の友達がね……」と聞かせてくれた。

家の近所に住んでいる友達のチカちゃんが、あることをしてから災難に見舞われたのだという。

それはとある〝おまじない〟だった。

彼女の小学校では、願いごとやジンクス、迷信などがとても流行っていた時期があった。例をあげるならば、消しゴムに好きな男子の名前を書き、最後まで誰にもバレずに使い切ることができると恋が実る、などというものだ。その中に〝つくし様の願いごと〟というおまじないがあったそうだ。

やり方はというと、まず近所にあるつくし神社に行き、おみくじを引く。おみくじに記されている運勢が良いものであればあるほど、願いが叶いやすくなる。

次にこのおみくじの余白に叶えてほしい願いごとを赤い字で書く。この時、注意が必要で、あまりにも大きな願いごとであったり、絶対に不可能であろうという願いごとは叶えてくれない。現実的で叶えてもらいやすい軽めな願いごとを書くのだ。

最後に細長く折って結び、神社の裏にある井戸に投げ込むのである。


ちなみに「つくし神社」というのは通称であり、春になると境内に沢山のつくしが生い茂ることから子供達の間でそう呼ばれていた。正式名称はまったく別の名前だそうだ。


習いごとのダンスが思うようにできず悩んでいたチカちゃんは、このおまじないを密かに実行に移し「ダンスが上達しますように」と願いごとを書き記していた。

それからほどなくして、チカちゃんが嬉しそうに言った。

「ダンスの先生に最近キレが良くなったねって、褒められるようになったんだぁ」

あんなものが、本当に効くのか半信半疑ではあったが、何よりも本人が信じて喜んでいるのでそれで良いのだろう。それからも、褒められるたびにチカちゃんは報告に来てくれた。そんなある日のこと、朝からチカちゃんの様子が変だった。ぼんやりしているというか、元気がないというか。ササキさんは心配になり、話を聞いてみることにした。

少し考えた後に困ったような顔をして「こんなこと言ったら変だと思われるから……」と前置きをし、打ち明けてくれた。

ダンス教室は夕方から夜にかけてレッスンを行っていた、そのため、先生より先に来て練習ができるようにと、早めに教室が開放されているのだという。発表会を目前に控えたこの日チカちゃんは、一人で集中して練習をするため早めに教室に入った。

自分の動きを確認できるよう壁一面に大きな姿見が貼られている。それを前に準備体操をし、今まで覚えた振付を練習していく。

ふと気が付くと、鏡の一部が汚れていた。タオルを持ち、鏡に歩み寄る。それは手のひら大の大きさの泥汚れであった。泥が完全に乾ききっていないのを見ると、ついさっき付着したようだ。

不思議に思いつつ、目の前の泥をタオルで拭う。綺麗になった鏡を見たチカちゃんの心臓は竦み上がった。自分の目と鼻の先、鏡の中にびしょ濡れの女が立っていたのだ。灰色にも見える肌をした女は、濡れた髪の間から黄色く濁った目で彼女を凝視している。

何が起きているのか理解できず、驚きと恐怖で硬直した彼女は悲鳴をあげ、その場に座り込んで顔を覆ってしまった。

チカちゃんが再び鏡へ目をやった時には、何の変哲もない教室が映っていた。今見た光景を先生や他の生徒に伝えたが、誰も信じてくれなかった。

そんなことがあり、何かが起きそうで怖いのだという。


そして、発表会当日を迎えた。

ササキさんも誘われていたので、会場に入ると前方の席に陣取った。プログラム順に演目が進んでいく。チカちゃんは三つの演目に出演し、出番が一つ、二つと順調に終わっていく。練習の成果があったようで、出演者の中でもひときわ輝いて見えたという。

いよいよチカちゃんの最後の出番だ。アナウンスで次の演目についての説明が始まったと同時に、重い物が倒れるような大きな音と、

「ぎゃぁあああああああ」

少女の悲鳴が響き渡った。咄嗟に舞台袖へ目を向けた。そこには、散乱した機材の中で叫び声を上げ続けるチカちゃんが倒れていた。

その足には照明機材がのしかかっている。すぐ近くにいる人により助け出されたが、

足の皮膚は高温の機材によって焼け爛《ただ》れ、赤黒く血が滲んでいた。

幸い命には別状のなかったものの、重度の火傷でしばらく入院することになった。

火傷の跡は一生消えることのない深い傷跡となった。

どうやら、つくし様の願いごとをした子たちが次々と不幸になっているようだった。

ササキさんの知る中では、チカちゃんの他に二人がやっていた。

一人は頭が良くなりたいと願った子だった。その子は次のテストで全教科満点を取ったのだが、体育での跳び箱テスト中にバランスを崩してしまい、手を骨折してしまった。

もう一人は喧嘩した親友と仲直りがしたいと願った子だった。おまじないで仲直りを願ったことが、親友の元へも知れて、それがきっかけで無事に仲直りができた。だが、二人で遊んでいる時に自転車で派手に転倒してしまい、願った子だけが額を数針縫うほどの怪我をした。


おまじないをすれば確かに願いは叶う、だがそれには大きな代償も支払わなければならない。そのことが広まると、つくし様の願いごとをする人も次第にいなくなっていったという。

つくし様の願いごと2

　それから月日が経ち、ササキさんも成人を迎えた時のこと。母親との夜の晩酌中に昔の思い出話で盛り上がり、流れでチカちゃんの話になった。

「昔、学校で、チカちゃんの火傷はおまじないのせいだって噂があったね」

　何気なく「つくし神社」のおまじないのことを話すと、母は驚いた表情で返した。

「何言ってんのあんた、あの神社でそんな願いごとが叶うわけないじゃない、あそこ、元々は疫神《えきがみ》を祀《まつ》っていたような場所なのよ」

「え、それって？」

「昔はね、流行り病で何万もの人が亡くなることが、ざらにあったの。まともな医療もなかったから。病は怨霊とか妖の仕業って考えてた当時の人はね、社《やしろ》を建てて、神様として崇敬することで、その怨霊の機嫌取りをして、病魔から逃れようとしたのよ。それがあの神社なの。それにあそこは……」

　母が幼い頃、井戸の近くにある鳥居に縄をかけ、首吊り自殺をした女がいたのだという。近所の子供達の証言で、女がよく井戸の辺りにいたことから、疑う余地もなく自殺と判断されたのだ。

神社を遊び場にしていた母も、その女のことはよく知っていた。女は井戸で何かをしているようなのだが、気になった母はある日、女を木陰から観察したことがあった。

女は井戸に向かいぼそぼそと何かを呟いたかと思うと、懐から人の形をした紙のようなものを取りだし、井戸に投げ入れていた。

それを来る日も来る日も繰り返していたという。そしてある日、突然首を吊って自殺した。幸い母はその現場は目撃していない。

「だから、それがあんたの言ってたおまじないと関係あるんじゃない?」

それから更に月日が経ち、帰省した際にチカちゃんと再会する機会があった。

チカちゃんは地元で結婚し、二人の子宝にも恵まれ専業主婦をしているという。

平凡ではあるが、幸せなのが表情から溢れていた。すぐに意気投合し、懐かしさから近くの居酒屋へ飲みに行くことになった。

「あのおまじないって、誰が広めたんだろうねえ」

「あぁ、あれね。みんなだよ」

「まぁ、確かに、当時かなり流行《はや》ってたもんね。みんな、噂してたしね」

「そうじゃなくて、みんなだって。私を含めた不幸になった子たち、みーんなが広めてたの。だって自分だけが不幸になるのなんて、絶対に許せないじゃん。だから他の子にも同じ苦しみを味合わせたくて広めたんだよ」

そう言ってチカちゃんは微笑んだ。ササキさんの脳裏で点と点が繋がるような感覚があった。

あれは決しておまじないなんかではない。人々の妬みや憎しみから媒介する呪いなのだ。そう気が付いてうすら寒い気持ちになったという。

トンネル怪談

四十代主婦のアヤベさんから聞いた話。

アヤベさんは、京都市の北部に位置する京北という地域に住んでいる。京北は京都市ではあるが、おそらく皆さんが想像するであろう古都京都のイメージから大きくかけ離れているのではないかと思う。周囲に広がるのは三百六十度どこを見ても山。京北の面積の九十パーセント以上が森林なのである。そんな自然豊かな京北地方から京都の中心街を結ぶ主要道、〝周山街道〟に纏わるこんな話を聞かせていただいた。

その日、アヤベさんは旦那さんと一緒に四条河原町までショッピング兼デートに出掛けていた。百貨店をブラブラし、目ぼしい服を購入する。月に一度はこうして街へ出て日頃の鬱憤を晴らすのだという。晩ご飯を済ませ、車で自宅まで帰ろうとなった。片道一時間は掛かる道のりである。繁華街の喧騒から、次第に山々に囲まれ静かな周山街道へと進んで行く。

街灯も少ない、くねくねと蛇行する山道を四十分ほど進んだ頃だろうか。見知ったトンネルが姿を現す。それは〝笠トンネル〟と言い、周山街道にいくつかあるトンネルのうちの一つである。アヤベさんはこのトンネルが苦手で仕方がなかったのだという。


一見、そこらにあるトンネルとなんら変わりはないのだが、帰り道の暗くなった頃に通ると、旦那さんが毎回いじわるをして、ここに纏わる怖い話を始めるのである。

それはトンネルを通過しきるまでに完結する簡単なもので、

「このトンネルにはな、事故で亡くなった赤い服の女の霊が出るねんで。その女性は轢《ひ》き逃げにあってな、真っ白の服が血で染まってるねん。ほら入り口の公衆電話の所に人がおったん見たか。今も誰かに助けを呼ぼうとしてるんや」

旦那さんはニヤニヤと悪戯《いたずら》っぽい笑みを浮かべながら話す。

心霊や怪談が大の苦手であった彼女は、その話を聞くのが嫌で嫌で仕方がなかったのだという。(旦那が私を怖がらせるために作った嘘話だ)とは心の中でなんとなく分かってはいたものの、薄暗いトンネルの中を走っていると、もしかしたら……という感情がどこからともなく沸々と湧いてくるのだった。

「もうあの話はやめてよね、そういうの苦手なの知ってるでしょ」

トンネルに入る寸前、例の話をされないようアヤベさんは先手を打っておいた。

「あの話ってなんのことや?」

惚けたように聞き返してくる旦那さんに、アヤベさんは若干の苛立ちを覚え、強い口調で返した。

「だーかーら。ここで死んだ赤い女の話! 轢き逃げとか血で染まったとかいつも気味の悪いこと言ってるでしょ!」

すると、申し訳なさそうに反省の色を見せ「すまない」と謝るでもなく、逆に目を輝かせ「なんやその話、もっと聞かせてくれや!」と思いもよらないことを言い出した。

その旦那さんの反応や表情を見ていると、嘘を吐《つ》いているようにも到底思えない。本当に何も知らないようであった。では、通るたびにいつも話していたあれは一体なんだったのだろうか?

自分の勘違いなのか、毎回のことなのにそんなはずは……。

アヤベさんはモヤモヤした気持ちのまま黙り込んだ。

しかし、それからも旦那さんは、夜に笠トンネルを通るたびにあの赤い女の話をしてくるのだという。この間の「なんやその話?」というやり取りがまるで一切なかったかのように。

話の内容ももちろん恐ろしいのだが、話をする時の旦那さんの普段見せないニヤニヤとした嫌な笑みが薄気味悪くて仕方がないと、アヤベさんは話してくれた。

このことがあってからは、アヤベさん一人で車で帰る時は、例え遠回りになったとしても夜は周山街道を通らないようにしているそうである。

お迎え

その日、カヤマさんは夫と二人で出掛ける用事があった。自宅を出て、エレベーターのボタンを押す。階数表示のランプが一階、二階、三階と順番に光っていく。

彼女はこのマンションにはおおむね満足していたが、エレベーターが一基しかないことだけは不満だった。もう間もなく彼女達の待つ八階にエレベーターが到着するという時、夫が急に大声を出した。

「あ、あのハガキ、今日までにポストに投函しないとだめなんだった」

カヤマさんは、そんなことで突然大声を出す夫に眉をひそめた。

「じゃあ、先降りとくから取ってきなよ」

そう言ったと同時にエレベーターは到着した。

カヤマさんは一人エレベーターに乗り込み、一階のボタンを押す。夫はどこか抜けているところがあって、忘れ物や落とし物が多い。優しくて穏やかなところは良いけど、どうも頼りがいがないんだよな……。

そんなことを考えながら一階まで降りるのを待っていたが、エレベーターは一向に着く気配がない。ついには音を立てて完全に停止してしまった。不思議に思って扉にはめこまれている窓から外を覗いてみると、なんだかおかしい。

窓の外は霧がかかっており薄暗い、一メートル先の様子もほとんど窺《うかが》えないほどだったのである。

この停まってしまった籠からなんとかして抜け出せないか思案していると、扉のすぐ外から抑揚のない低い男の声がした。

「すぐ開けますから、何もしないで待っていてください」

だが、すぐそばで声がしたにもかかわらず、窓の外に人影は一切なかった。カヤマさんはもしも、今扉が開けばまずいと直感的に理解した。

あわてて、各階数のボタンを手当たり次第に押した。ところが、エレベーターは何の反応もなく、ボタンはただペコペコと凹むだけだった。

「大丈夫、もうすぐドアが開きますから」

男の声とともに、エレベーターの扉にはほんの少しの隙間が生まれた。姿の見えない男から守ってくれている境界が、もうすぐなくなってしまう。

この状況を目の当たりにして、脱出策を必死に探す彼女は、まだ押していないボタンが一つだけあることに気が付いた。それは受話器のマークが刻印されたボタン、非常ボタンである。

カヤマさんは非常ボタンを何度も押した。しかし、何の応答もない。普通、このボタンを押せば管理会社に繋がって話せるはずなのに、そう思ってボタンの隣の説明書きを見た。

——非常時に押し続けると外部に連絡できます。

カヤマさんは持てる限りの力を込めてそのボタンを長押しした。すると、ザザザッというノイズとともにマイクが外部へと繋がった。

「助けてください。エレベーターが今変なところで停まっていて動かないんです。早く動かして」

すると、カヤマさんの焦《あせ》りがまったく通じていないかのように、抑揚のないくぐもった声が返事をした。

「すぐお迎えにあがります」

さっきの男の声だった。

カヤマさんはあまりの恐怖に目を瞑《つむ》った。途端に、強い重力を感じた。エレベーターが上昇し始めたのである。

籠は、しばらく上昇を続けた後、停止した。開いた扉の前には夫が立っていた。停まったのは八階であった。


その後、カヤマさんはすぐに部屋を引っ越すことに決め、引っ越しが完了するまでの間は必ず階段を使うようにしたそうである。

エレベーターが停まったあの場所はなんだったのか。非常ボタンを押したカヤマさんに応答した男は何者だったのか。すべては謎のままである。

名簿

数年前、私は日本各地の心霊スポットを巡る旅に出ていた。各都道府県の有名な心霊スポットを数ヶ所ずつピックアップし、一つ一つ踏破していく。そこでは記録用に写真撮影をしたり、噂の検証をしたり、時には降霊術を試してみたりなど、実地調査をしていくのである。

自分の住む京都を中心に日本を、東西に分けて、車で旅に出た。すべての心霊スポットを巡るのに、西日本一ヶ月、東日本一ヶ月半くらいの期間を要した。

ちなみに私が心霊スポットを巡る理由は、そこで起こるとされる怪奇現象や噂を否定するためである。今まで五百以上の場所、優に千回は超える探索をこなしてきたが、私が怪奇現象を認めたことは一度たりともない。

これは東日本の某心霊スポットへ行った時のこと。

この日訪れたのは「Aの森」と呼ばれる場所であった。某巨大ネット掲示板で長年使用されている心霊スポットランキングでは堂々の一位に君臨していた超有名スポットではあるのだが、私は寸前まで行くのを躊躇《ちゅうちょ》していた。

そこへ行くと起こるとされる心霊現象を危惧したわけでもなく、恐ろしい雰囲気のあまり怖気付いたというわけでもない。その場所で過去に実際に起こった事故が想像を絶する凄惨なものだったために、調査へ行ってよいものなのかと躊躇《ためら》っていたのだ。

心霊スポットと呼ぶにはあまりに不謹慎すぎる場所なのである。しかし、有名スポットを残さず巡っている私としてはどうしても行かざるを得なかった。

自然豊かな山あいに立つ慰霊碑や慰霊堂。

数十年前の夏のある日、この長閑《のどか》な場所に筆舌に尽くしがたい地獄の光景が広がっていた。飛行中の旅客機が別の航空機と衝突し、旅客機が空中分解。百数十人の搭乗者はそのまま空へ投げ出され、旅客機の残骸とともにこの山中に墜落したのだ。墜落した旅客機の生存者は誰一人いなかった。それから、この山では数々の奇怪な噂が囁かれるようになったのである。あえて噂の内容については触れないでおこうと思う。

私は深夜二時、いわゆる丑三つ時に探索へ向かった。山の入り口付近に車を駐車する。付近はコンビニも住宅街もまったくない。しかも幹線道路からも外れているため、辺りを照らす街灯も、近くを走行する車すらもない。高くそびえる樹木が月の光さえも遮り、辺りには完全なる闇が広がっていた。森の中からはガサガサという枝を踏むような音と不気味な鳴き声が聞こえてくる。今までの経験上、単なる野生動物だというのは分かっているので、特に気にはならなかった。

登山口にはL字型のステッキが登山杖代わりに設置されていたが、私はLEDライトとデジカメをそれぞれの手に持ち、登っていった。写真は後から見返しやすいように入り口から順序立てて撮影していく。くねくねとした長い階段を上っていくと、中腹に山の形をした石のモニュメントがあり、そこからさらに少し歩くと山頂と思しき開けた場所に出る。そこには慰霊碑や慰霊堂があった。慰霊堂は当然施錠されており中には入れなかったが、慰霊碑で手を合わせてから周囲をくまなく撮影していった。慰霊碑はしっかりと手入れがされているようで綺麗な花が供えられていた。

開けた場所の奥には見落としそうな小さな道が続いており、その道の両端にはお地蔵様が数体並んでいた。お地蔵様の横を通り過ぎていくと航空安全を願うモニュメントが現れた。ここで行き止まりのようだった。結局、私は何の怪奇現象にも遭遇しないまま山を下りていき車へと戻った。そして十キロメートル以上離れた一番最寄りの道の駅で車中泊をして眠った。

翌朝、目を覚ますと再度「Aの森」へと車を走らせていた。暗い夜と明るい昼では場所の印象がゴロッと変わる。夜では視界が悪くて気が付けなかったことが、昼だと気が付けたり、新たな発見があったりすることがあるのだ。周囲の景色や様子もより鮮明に写真撮影できた。昨夜の雰囲気とは打って変わって、山の澄んだ空気と爽やかな風が気持ち良かった。息を切らしながら階段を上り、やっとの思いで慰霊碑のある広場へ着くと、初老の男性が箒で辺りを掃除していた。私は男性が写らないように避けながら写真を撮っていると。

「若いのにこんな所に来るなんて珍しいねぇ」

その男性に声を掛けられた。心霊調査目的で来ていることを言ってしまうと、なんとなく失礼にあたるのではないかと思った私は、

「たまたま用事で近くに来たので観光がてらに寄りました」

咄嗟《とっさ》にそう答えてしまった。

「そうかい、ここではね本当に悲しい事故があったんだよ……」

その男性は「Aの森」で掃除などの管理をしていると言った。実際にここで起こった事故の瞬間も目撃していたらしく、当時のことを詳しく話して聞かせてくれた。

離れた場所でも空気を裂くような爆発音が聞こえてきたこと。

空には煙を上げながら墜落する機体の残骸とパラパラと落ちてくる豆粒のようなものが見えたこと。

私は興味津々で頷きながら聞いていると、慰霊堂の鍵を開けて中を案内してくれた。朱色に塗られた鉄の扉を開けると、中央に観音像と簡易的な祭壇が設えてあり、その周囲には犠牲になった方々の名前が書かれた石の表札なようなもの、墜落した旅客機と同型と思われる旅客機のミニチュア、そして大量の千羽鶴と卒塔婆が置かれていた。私が観音像のそばに立て掛けられた、赤茶けた大きな古地図に目をやっていると。

「それはな、犠牲者の遺体発見場所が記された地図だよ。よく見ると○や◇の印が書かれているだろ？　そこでご遺体が見つかったんだ。なかには残念なことに、損傷が激しくて腕とかの一部分しか見つからなかった人も多くいたんだ。ここまでの道中の地面に小さな卒塔婆や石碑が埋まっていたのを見ていないかい？　そこが地図に印がある場所、遺体発見場所なんだよ」

私は言葉にならず黙って地図を見つめていると、管理人さんはこんな不思議な話も聞かせてくれた。

地図の横には犠牲者の名簿が記されており、そこには名前、年齢、性別と整理番号が一人ずつに振られているのだが……。

なぜか、その整理番号が犠牲者の数よりも一名分だけ多いのだと管理人さんは言う。

私が名簿の最後の辺りを確認してみると、確かに一人多い数字となっていた。番号の振りミスなどがあるのかと流し見してみたが、それもないように思えた。つまり旅客機の搭乗者の数よりも、遺体の数の方が一人分だけ多いということになる。墜落の際の落下物に巻き込まれて亡くなった方がおり、それも含まれているのかとも思ったが、落下物による怪我人はいても死者はいなかったという。

存在しないはずの人物、身元不明の遺体が含まれていたのか、旅客機の墜落自体に何か裏があるものだったのか、それともただの事故当時の混乱による名簿作成ミスだったのだろうか。真相は定かではないが、今となっては知るすべはない。

事故で亡くなられた方々に心からのご冥福をお祈りいたします。

心霊スポット巡り

α 大分県 志高ユートピア

大分県別府市にあった廃遊園地の心霊スポットである。

遊園地とホテルが併設されている大規模な

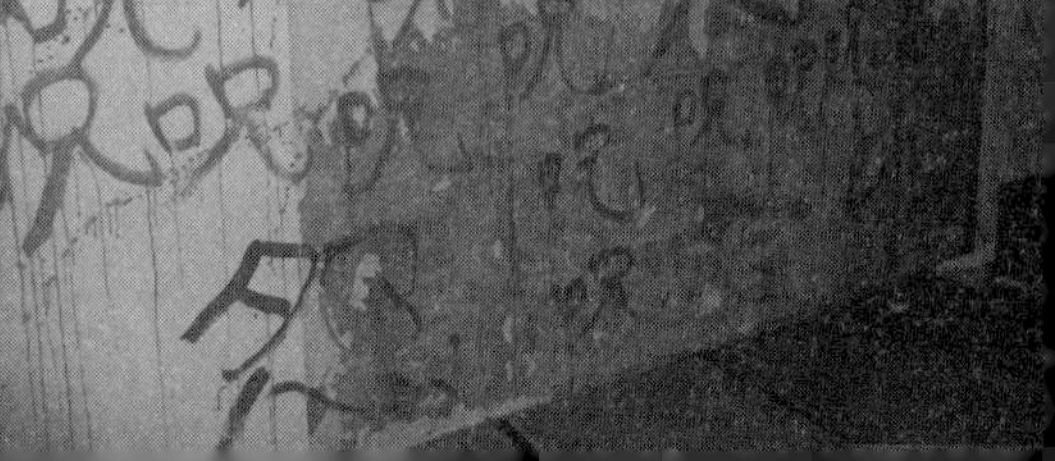

廃墟群で、巨大迷路、お化け屋敷、レーシングカート、ゴーカート、ジェットコースターなど様々なアトラクションがあった。

真っ暗闇の中に佇む、元は楽しいもののはずであった崩壊したアトラクション達は何とも言えない圧巻の迫力がある。

営業当時から、お化け屋敷内で「本物が出る」という噂があったと言われている。廃墟となってからお化け屋敷内で首吊り死体が発見されており、その霊が出るという話もある。お化け屋敷のほか、巨大迷路でも中年男性の霊が彷徨っているというものがある。

園内に彷徨っている霊は、過去の楽しかった思い出に浸っているのだろうか?

ちなみに今現在は解体されており、ソーラーパネルが一面に敷き詰められている。

※内容はあくまでも根拠のない噂です

ハムスター

ある日、大切に飼っていたハムスターの大福が死んでしまった。

庭に穴を掘り、動かなくなった大福と一緒に生前大好きだったヒマワリの種を数粒埋めてあげた。そして、墓の周りを丸く囲むように石を並べておいた。

一ヶ月が過ぎ、死の悲しみから立ち直り始めた頃。大福のお墓から小さな小さなヒマワリの芽が出ていることに気が付いた。

それを見て、

（大福が新しい命として生まれ変わってきれくれたんだ！）

そう思い、そのヒマワリを大切に育てた。水やりをし、近くに生える雑草を抜き、毎日世話を欠かさなかった。

しばらく経ち、丹念な世話の甲斐もあったのかヒマワリは青々と大きく育った。後は開花を待つのみであった。ふと地面から出ている根元の近くの茎に、白っぽい何かが纏わり付いているのが目に入った。なんだろう？　と顔を近付けた時。

「ひぃ！」と小さな悲鳴を上げてしまった。

それは変わり果てた大福の亡骸であった。取り払おうと咄嗟に荒々しく手を払った瞬間、脆くなっていたのかボロボロと崩れ去ってしまった。

その後ヒマワリは開花したが、太陽のように大きく綺麗に咲くことはなかった。

黄色の花弁に囲まれた茶色の中心部分が細長く歪《いびつ》な形となり、なんとも不気味に咲き誇ったそうである。

やっちゃった……

フジモリさんは、就職を期に慣れない土地での一人暮らしを始めた。会社からは電車で四十分と通勤の面では少し不便だが、今時珍しく活気のある商店街が近い。ゆったりとした時間が流れる下町。フジモリさんはなんとなくこの街が好きだった。

それは新生活から一ヶ月ほどが過ぎ、少しずつ一人暮らしにも慣れ始めたある日のこと。出社しようと、いつも通り自宅マンションを出た矢先だった。

「やっちゃった……やっちゃった……」

おそらく四十から五十代くらいの中年女性が、何か液体でもこぼしたかのように路地の隅を一心不乱に拭いていた。

女性の身体に遮られて何をこぼしたのか見えなかったが、フジモリさんは律儀な人だなぁ、くらいの感想だけを持って女性の横を素通りした。

人通りも少ないこの路地に、何かこぼしても誰かに見とがめられる可能性も少ない。

知らんふりしたとて、そのうち日の光が痕跡をすべて消し去ってくれるだろうに。フジモリさんはそんなことを考えながら最寄り駅へと歩いた。

その日は閑散期にしては仕事が忙しく、帰る頃には朝の女性のことなどフジモリさんの脳内からすっかり蒸発してしまっていた。

最寄り駅の改札を出たフジモリさんは、自宅を目指し、人通りもまばらな夜道を歩いていた。

「やっちゃった……やっちゃった……」

あの女性はまだいた。朝いた場所で、こびりついた何かを拭い取ろうとしているかのように、まだ路地の隅を拭いていた。

彼女の行き過ぎた潔癖というか、執着というか、とにかくその狂気じみた行動にフジモリさんは薄気味悪さを感じながらマンションへと入った。

家に帰って一段落つくと、フジモリさんは彼女が何を拭いているのか気になった。

しかし、彼女のいる位置はベランダからもマンションの廊下からもちょうど死角となっていたし、わざわざ下に降りてまで確認する気にもなれなかった。

翌朝、フジモリさんが出社のためマンションを出ると、例の女性はまだいた。心なしか、昨日より大きな動きで、無我夢中に拭いているように見えた。

「やっちゃった……やっちゃった……」

フジモリさんは、彼女が拭いている場所を、気付かれないようにちらっと覗き見た。彼女が拭いていたのは赤黒い、水溜まりだった。拭いている雑巾も、右手も、手首まで真っ赤に染まっていた。フジモリさんは足早にその場を離れた。

女性の拭いている〝あれ〟。

あれは間違いなく血だ。どこかを怪我して出たような量じゃない。おそらく致死量、そうでなくても重傷は免れないはずだ。なぜ彼女は昨日から、あんな量の血液を拭いているのだろう。しかも明らかに正気を失ったような様子で……。

フジモリさんの頭は女性と血の謎についての考察で混乱していた。しかし、足だけは会社へ向かっていた。いや、非日常から逃げていたという方が適切なのかもしれない。

最寄り駅に到着した時、フジモリさんの考えはちょうどまとまった。

今日帰る時にも、まだあの女がいるなら通報しよう。

不審者を見かけたらすぐ通報するのが市民の務めだ、たしかにそれは正論かもしれないが、警察を呼ぶということが彼女を刺激することに繋がるのでは、とただ怖かった。ましてや謎の解明なんて、首を突っ込まざるを得ないような行為なんてできるはずがなかった。何も関わることなく、今日のうちにいなくなっていてくれることこそが理想だった。

しかし、その夜、彼女はまだ拭いていた。フジモリさんは彼女の姿を見つけるなり、携帯を構えて警察署に電話しようとした。

しかし、もしも、警察に電話していることがバレたら？ 女は襲い掛かってくるのではないか。一度家に帰って安全が確保できてから通報しても遅くないのではないか。携帯片手に立ち止まってあれこれ悩んでいると、あの声が聞こえてきた。

「やっちゃった……やっちゃった……」

その声が聞こえた瞬間、この場で通報するか否かなどという悩みなんて忘れて、走ってマンションに飛び込んだ。

フジモリさんにはこう聞こえたのである。

「殺っちゃった……殺っちゃった……」

自宅に駆け込んですぐさま玄関の鍵を閉めたフジモリさんは少し落ち着いて、改めて警察に通報しようとした。しかし、一つ疑問が浮かんだ。

なぜまだ通報されていない？　いくら大通りから離れていて人通りも多くないとはいえ、あんな場所にしゃがみこんでいて一日中誰の目にも触れないわけがない。そもそもマンションの他の住人だって目撃しているはずだ。昼間は管理人だっているはず。約二日も経っているのに、誰も通報しないなんてことあるはずがない……。

あの女は二日間もずっとあそこにいるのか？　生身の人間でそんなことあり得るのか？　そもそも、なぜあの血は二日経っても乾きもしないし、拭いきれない？

フジモリさんは散々考え抜いた挙句、一つの仮説にたどり着いていた。

あの女は自分にしか見えていないのだ。そして、女は血の跡を拭いて、自らの犯した何かの痕跡を拭い去ろうとしているのではない。

女はむしろ……。

それから二ヶ月後、フジモリさんは毎朝同じように会社に向かっていた。

そして、女は今も地面を擦《こす》り続けている。血溜まりは二ヶ月ですっかり大きくなり、もうすぐマンションのエントランスから見える範囲全てが赤黒く染まりそうなほどだった。それでもフジモリさんは見て見ぬふりを続けた。

あの日、フジモリさんが出した答えはこのようなものだった。

女は血の跡を拭いて、証拠を拭き取ってしまおうとしているのではない。あの女はむしろ血溜まりを辺りに塗り広げているのだ。女は自身の犯した何かを忘れてしまわないように、罪の意識を無くしてしまわないように、路地を血で塗りつぶしているのだ。

「やっちゃった……やっちゃった……」

彼女は今も贖罪を続けているという。

空き家での体験談

岡山県に住む主婦のサトウさんから聞いた話。

今では一見、大人しい見た目の女性だが、サトウさんは中学・高校時代と筋金入りの不良少女であった。成績が悪いながら、中学卒業後は近くの高校になんとか進学できたものの、教師との折り合いが悪く、半年も経たぬうちにトラブルを起こし高校を辞めてしまった。ちょうどそのくらいの時期に不思議な体験をしたそうだ。

サトウさんの家の隣には古い一軒家がある。その家にはサトウさんの父方の祖父母が暮らしていたが祖父母が亡くなってからはその家は空き家となっていたため、サトウさん達の不良グループにとって絶好の溜まり場となっていた。

玄関を入ってすぐに階段があり、階段の横には和室が二部屋、その奥にはリビングキッチンがある。玄関付近の和室はサトウさんだけのプライベートルームとなっており、もう一方の和室と奥のリビングに悪友が毎晩のように集まっていた。

やたらと急な階段を上っていくと、二階には洋室と和室があり両方とも物置きとして使用していたそうだ。見た目はいわゆる昭和時代の古い家という感じで、初めて家にくる友人たちからは、某ホラー映画に出てくる呪いの家に似ていると不気味がられたそうだ。なんでも玄関を入ってすぐに階段があるところがとても似ているらしい。


高校を辞めてからというもの、毎日代わる代わる色々な悪友が夜通しで遊びにくる。遊ぶといってもこれといって特にやることはなかった。よくないのだが酒や煙草をやりながらゲームをする。飽きればバイクで峠や夜景、もしくは心霊スポットまで走りに行くくらいであった。

友達経由で仲良くなったナカムラさん、そして後輩二人の計四人で泊まっていた時のことだ。いつものように近くのスーパーで夜食やお酒などを買い出しし、後輩を後ろに乗せ、バイクで空き家へと向かう。住宅街に入ると、直管マフラーは非常にうるさいため、途中でエンジンを切り余力で進み、家の前にバイクを着けた。

この日は、ナカムラさんが彼氏に振られてしまい、慰めるために皆で夜通し騒ごうということだった。缶チューハイをチビチビと飲みながら、彼氏に対する愚痴を聞いていた。次第に皆の恋バナ、好きな芸能人の話へと脱線していく。

ナカムラさんは愚痴を吐きつくし、泣き疲れたのか、寝たいと言いだしたので布団のあるサトウさんの和室へ案内した。

そして、どれほどの時間が経った頃だろうか、後輩と三人、ゲームで大盛り上がりしている時のことである。

廊下をドンッドンッと勢いよく歩いてくる音がする。そして、バンッとドアが開け放たれ、血相を変えたナカムラさんが部屋に入ってきた。興奮する彼女が話したのは——。


寝ていて、ふと目が覚めると、さっきまで友達の家にいたにもかかわらず、自分の部屋のベッドで寝ていた。

「いつの間に帰ってきたのかな?」

そう思っていると、窓をバンバンと叩かれる。とっさに視線を向けると、窓の外には物凄い形相をした老婆が立っていた。そんな場所にいるのはおかしい、彼女の部屋は二階なのだから。老婆は手に恐ろしいほど大きな包丁を持ち、今にも窓を叩き割ろうと大きく振りかぶっている。彼女は部屋を転がるように飛び出した。そして、階段を駆け下りようとした時、足が絡まり転げ落ちた……と同時に目が覚めたそうだ。

よほどリアルな夢だったのだろう、彼女は汗びっしょりだった。話を聞いて少しするとようやく落ち着きを取り戻した。

彼女はそれからぱったりと家に遊びにこなくなった。

偶然、共通の友人とコンビニで出会い、話す機会があった。

「ナカムラさんと何かあった？　彼女、サトウさんの家には絶対に行かない方がいいよって」

友達周りにあることないこと、悪い噂を言いふらしているらしい。腹が立ち詳しく聞いてみると、あの日から彼女に不幸が立て続いているそうだ。

「彼氏と別れた時ぐらいからかな？　彼女の両親が離婚したって、それで前より荒れてて、バイクで走ってても彼女やたらとスピード出し過ぎて事故っちゃうし、最近一緒にいる人も薬やってるって噂だし……」

彼女がそんなことになっていたなんて知らなかった。

「それからかな？　みんなに、サトウさんの家に行くと良くないことが起こる、あの家は呪われてる、とか色々言い出してたの」

「はぁ⁉　何それ、言いがかりもほどほどにして欲しいんだけど！」

そんなことを言われていたとは思いもしなかった。確かに怖い夢は見たのかもしれない、でもそれがなぜ私の家のせいになるのか全くもって意味不明で、彼女に対して怒りが込み上げてくる。

「まぁ、あの子の話は基本信用できないから、気にしない方がいいよ、ホラ吹きだし、手癖も悪いから気を付けた方がいいよ、私はあんまり関わらないようにしてるから」

「分かった、アドバイスありがとう」

話を終え、友だちと別れた。

なんてひどい言われようなのだろうか、あんなに仲良く遊んでいたのに裏ではそんな言われ方をしていたとは思いもしなかった。

手癖が悪いというのは初めて聞いた。確かに今思えば気が付くと物が無くなっていることがあった。でも今までは自分がどこかに置き忘れたのだろうと思っていた。

あれは、彼女が盗っていたのか。そう納得したそうだ。

ある年の年末に、家族で空き家の大掃除をしている時のことであった。

母が二階の物置きを掃除していた時にアルバムを出してきて、サトウさんに見せてきたのだという。

中身は年季を感じる写真ばかりで、所々色褪せている。作った人の性格が出ているのか、几帳面に写真一つ一つコメントが付いていた。きっと祖母が付けていたのだろう。

父が懐かしそうに写真を眺めながら説明してくれる。

「お前の生まれる少し前、家を建てた時に記念に皆で撮った写真だ、この父さんと母さんに挟まれて、真ん中に写ってる二人がお前のお爺ちゃん、お婆ちゃんだよ」

そう言い、父が写真を一枚取り出して私に渡してくれた。祖父はとてもにこやかで嬉しそうなのが伝わってくる。祖母は緊張しているのか顔が強張っていて、怒っている風にも見えてしまう。写真をまじまじ見ていると母が、

「お婆ちゃんね、顔とか見た目はきつく見えるけどほんとは優しいのよ。あなたが生まれるのすごく楽しみにしていたの」

この時ふと、ナカムラさんの夢に出てきた老婆は、自分の祖母だと直感したそうだ。祖母は私のために、ナカムラさんを懲らしめてくれたのかもしれない、そう思うと、自然と目頭が熱くなったという。

「私はお婆ちゃんに守られてるんだって思うと、会ったことはないけどすごく嬉しくて、きっと私の守護霊にでもなってくれたんですかね？」

サトウさんは嬉しそうにこの話をしてくれた。

この一件以降、友達付き合いには人一倍気を付けるようになり、祖母に恥じないように今は真面目に暮らしているのだそうだ。

カチャン

深夜二時頃、ふと目が覚めた。

玄関の鍵を閉め忘れたまま寝てしまったような気がする。

眠い目をこすりながらベッドから抜け出す。やはり、冬の夜は家の中でも冷える。

今すぐにでもベッドに戻ってしまいたいが、最近は近所で空き巣被害が頻発しているというし、閉めたかどうか分からない鍵のモヤモヤを抱えたまま、もう一度眠りにつくのも難しいだろう。そんなことを考えながら、とぼとぼと歩き、玄関にたどり着く。鍵のつまみが縦を向いている。やっぱり開けっ放しだ。さっさと閉めてもう一度寝よう。

つまみに手を伸ばしたその時――。

カチャン

鍵が掛かった、まだ触れてすらいないのに。

空耳

洗面所でドライヤーをしていると、どこからか微かに話し声が聞こえてくることがある。その声は、彼女の耳に届く前にドライヤーの音でかき消されてしまい、なんと言っているのか分からない。何を話しているのか気になりドライヤーを止めると、何も音がしなくなる。

（おかしいなー、聞こえたはずなのに……）

と再びドライヤーを始めると、また聞こえてくるのだ。確かに男が何か話しているような、誰かに問いかけているような。

何を言っているのか？　誰と話しているのか？

皆目、見当もつかない。そんな日が毎日のように続いた。ただ、彼女の住んでいるアパートは壁が薄く、どうしても周囲に漏れてしまう生活音などがある。ドライヤーや洗濯機、掃除機、テレビなどがまさにそうであった。それと同時に電話の話し声などもそこに含まれていた。

彼女はきっとそれなのだろうと思い気にはしなかったそうだ。近所の人がドライヤーの音にわざと被せるように声を発しているのだと、納得していたからである。

ある日、友人が家に泊まりにくることになった。

次の日がお互いに休みだったこともあり、遅くまで酒を飲み、ひとしきり喋っていた。

寝るために布団に入ったのは明け方近かった。お風呂を上がってから友人の様子が変だったことに気が付いたが、酒も入っていてほろ酔い気分だったこともあり、特に気にしなかった。

翌日、帰り際に友人がドライヤーのことについて色々訊いてきた。

どこで買ったのか、いつ買ったのか、中古品ではないか？　と。

多機能付きでドライヤーにしてはなかなか良い値のするもので、家電量販店でもなかなか値段が落ちない代物だ。風呂上がりに使った友人が気に入ったのかと思い、快く質問に答えていたが、最後にこんなことを言われた。

「ごめんね、勘違いだったらいいんだけど、昨日ドライヤー使っていて変な声が聞こえるなーって思ったの。それで、ドライヤーの風量を弱めて分かったんだけど、男の声で、ずーっと『死ねよ、死ねよ、死ねよ』って聞こえるの。音の正体を辿ろうと思って聞き耳を立ててたんだけど、ドライヤーから聞こえるんだよね。あれって中古品とかなんじゃ……」

こんなことを聞かされた彼女はすぐにありえないと思った。あれは某有名ネットショップで新品注文したもので、中古で買ったわけでもないのだ。

友人の話を鵜呑みにせず、軽く聞き流していた。

後日、ネットショップから一通のメールが来た。

それは、彼女の使っていたネットショップの一部マーケットプレイス店舗が新品と偽り中古品を送りつけていた悪徳業者だという内容のお詫びメールだった。

問い合わせると、アウトレット品や市場には出せないようなジャンク商品も扱っていたと知り、友人の話を思い出した彼女はすぐにドライヤーを処分したそうである。

兄弟愛

これは僕が中学二年生の時に体験した話なんですが、当時ケイ君という友達がいたんです。彼と僕はとっても仲良しで、毎日のように遊んだり、あるいはお互いの家に遊びにいったり、時には泊まりがけでいくなんてこともありました。

でも、泊まりがけで遊びにくるのはケイ君ばっかしなんですよ。昼間であればケイ君の家でも全然招いてくれるんですけど、泊まりがけの時はいっつも僕の家で、ケイ君の家に泊まりがけで遊びにいくっていうことは絶対になかったんです。

まぁ、ご両親の許可がおりなかったとか、色んな理由が考えられると思うんですけど、当時中学生の僕は馬鹿でしたから、ある日、強引に押しかけるような形でケイ君の家に泊まりにいったんです。

いざ、行ってみると、ケイ君のご両親は全然好意的だし、最初はテンションの低かったケイ君も次第にいつもの明るい調子に戻っている。

なんだ全然歓迎してくれてるじゃんと思って、騒いだりしながらあっという間に日をまたいで、もう寝る時間かな？　そんな時間になってたんです。

ケイ君が、「じゃあ、もう寝ようか」って言って、部屋の電気を消した、その時でした。隣のリビングからガサガサガサガサガサッってテレビの鳴る音がしたんです。

「あれ？　お父さんお母さん起きてきたのかな？」

僕そんなことを言いながら、ケイ君の部屋のドアを開けてリビングを覗いてみたんです。すると、部屋は真っ暗、しかも誰もいない。ただテレビだけが点いていて、深夜のバラエティ番組が流れていました。少し怖くなって、

「あれぇ？　お化けぇ？」

なんて言いながらケイ君の方をチラって見ると、何か心当たりのある様子で、何か言いづらそうにしていました。

「どうしたの？」

そう聞くと、

「これ、テレビ見てるの弟なんだよね」

そう言うんです。ケイ君は一人っ子のはずです。

「どういうことなのかな?」

戸惑っていると、ケイ君が詳しく話してくれました。

小学六年生の当時、ケイ君には五歳年下の弟がいました。この弟はケイ君にすごく懐いていて、ケイ君がやることなすこと、すべてちっちゃな体で見よう見まねで真似するんですね。なんか兄弟愛のテンプレートのように、とっても仲が良かったんです。

ある日、ケイ君が十歳の時。ご両親が出掛けていて、ケイ君と弟の二人で留守番をしていました。当時、料理にハマっていたケイ君は簡単なお昼ご飯を作って二人で食べて、

「あぁお腹いっぱいだなぁ、ちょっとうとうとしてきたなぁ」

なんて思っていたら、キッチンの方からガシャーンと大きな音が鳴りました。

「あれ? なんだろうなぁ」

ケイ君はキッチンの方に行ってみました。すると、太ももから血を流して倒れている弟の姿がありました。

ケイ君がお昼ご飯を作った後に、調理台の上にまな板とその上に包丁を置きっぱなしにしていたようで、そのケイ君が料理をする姿を見ていた弟はどうしても自分も作りた

いと思ったのか、背がまだ届かなくて、手を伸ばしてもギリギリ届くか届かないかの調理台に手をかけたんです。

すると、まな板がひっくり返って包丁が太ももに刺さってしまった。

血がドクドクドクドク出る姿をケイ君はただ見つめることしかできませんでした。

しばらくしてハッと正気に戻って、

（これは危ない、このままじゃ弟が死んでしまう！）

そう思ったケイ君は、急いでお隣さんに行って救急車の手配とお父さんお母さんにも連絡してもらいました。ただ、お医者さんの必死の手当ても空しく、ケイ君の弟は出血多量で亡くなってしまったそうです。

「それから、たまに夜中になるとテレビ勝手につくんだよね。多分、俺が親に内緒でこっそり夜更かしして、テレビ見てたのあいつ知ってたんじゃないかな？　それを多分真似して見てるんだと思うんだよねぇ」

ケイ君はそう言いました。

どうもその怪奇現象が気にかかったようで、夜は僕を家に招くのが嫌だったみたいです。僕はそういった怖い体験みたいなのは、あまり怖いと思わないたちなので、あぁ、なんか弟がずっと真似するっていいなぁって思って、

「あっ、じゃあ三人で一緒に見ようよ」

そう言いました。僕とケイ君、そして弟のスペースを空けて、ソファに座って、ずっと電気が暗いまま親にバレないようにずっとテレビを見ていたんです。

翌朝、僕とケイ君は寝落ちしていたようで、テレビは点けっぱなし、ソファで二人寝ている姿をケイ君のお母さんが見てこっぴどく叱られました。

ただ、ケイ君のお母さんは、

「またおいでよ」なんて言ってくれて。ケイ君も怪奇現象の心配がなくなったからか、

「全然夜に泊まりに来ていいよ」

と言ってくれました。

「また一緒に弟とテレビ見ようよ」

なんて言う時もありました。それから何回か泊まりにいったんですが、弟が出てくるのは時々で、絶対ではないんです。

ある時のことです。またケイ君の家に泊まりにいって、いろいろとおしゃべりしているうちに夜も遅くなり、「じゃあ寝ようか」とケイ君が部屋の電気を消した時です。

ガサガサガサまた隣のリビングからテレビの音がしたんです。

「弟さん、来たみたいだよ」

僕がそう言って、部屋のドアを開けてリビングを見てみると、部屋が暗いまま誰もいない、ただテレビだけが点いている。

「今日も夜更かししちゃおっかなぁ」

なんて二人で言いながら、僕とケイ君、そして弟のスペースを空けてソファに座って、ずっとテレビを見ていたんです。

ふと横を見ると、ケイ君が笑顔でテレビを見ていました。僕が一人っ子なのもあるんでしょうか？　なんかそういう兄弟愛みたいなのにすごく憧れがあって、

「羨ましいな、こういった形の兄弟愛もあるんじゃないかな？」

そんなほっこりした気持ちになっていました。なので、返ってくるはずのない弟さんに少し話しかけてしまったんです。

「いいお兄さんだね。一緒にテレビ見てて楽しいね」

そう言ったんです。すると返ってくるはずのない弟さんの声が聞こえてきました。

「見殺しにしたくせに」

翌朝、ソファの上で僕とケイ君は寝落ちしてしまっていたみたいでした。

昨日のことは夢なのか、はたまた現実なのでしょうか。テレビの電源だけはしっかり消されていました。

心霊スポット巡り

02 山口県 七つの家

山口県光市にある廃集落というか、廃住宅街の心霊スポットである。

周囲には森が広がるなか、この七軒の家だけがぽつんと取り残されるように建っており、不気味な様相を醸し出している。七軒とは言ったが、実際は私が訪れた二〇一五年の時点でほとんどの家が焼失や半壊していたので、残っているのは数軒ほどであり、その数軒も森と一体化してしまっていて中へ入ることは難

しい。

ここが廃集落となってしまった原因には、一番奥の家に強盗が入り、一家全員が殺されてしまったというものや、この集落に住む住民の一人が突如発狂し、他の住民を皆殺しにしてしまったという噂がある。当時は新聞などにも掲載されたらしいが、調べてみても証拠として残っているものがないことを考えると噂の域は出ないであろう。

一番奥に放置されている廃車と家の焼け跡辺りが、特に心霊現象が報告されている場所で、廃車の後部座席に黒い影が乗っているのが目撃されるという。その他にも、ここに来て辺りを見たあと、車に乗り込もうとするとドアが開かなくなったという地味に嫌な現象も起こるそうである。

※内容はあくまでも根拠のない噂です

旅館での怪異

「今まで誰にも話せずにどうしたらいいのか悩んでました。別に話さなかったからってどうかなるわけじゃないですけど……」

私の店へ怪談を提供しに来られたタニグチさんは、二十代前半の若い女性である。

自宅では、彼女の母親はもっぱら怖い話が苦手で話を聞こうともしてくれず、かといって友達に話して変に思われるのも嫌だった。そのため、この話を聞いてほしくても誰にも話せなかったという。

偶然、関東方面から京都観光へ来た際に〝怪談募集〟の看板を見かけた彼女は、珍しい看板への好奇心と「赤の他人にならあの話ができるかもしれない」という考えから、店を訪ねてきてくれたのである。

「あれは小学校六年生の時でした。友人と卒業旅行に行くことになったんです」

タニグチさんが、学校で仲の良い友達六人とその親たちと連れ立って、温泉が有名な某観光地に旅行に行った時のこと。小団体での一泊二日の旅行であった。

「私の親は忙しかったので一人で行きました」

彼女の両親は共働きだったこともあり、休みがどうしても取れず、家族ぐるみで仲の良かった友人の母親に面倒を見てもらうことになった。

「昼間は観光を楽しんで。旅館は大広間っていうんですか？　宴会場のような場所でとても広かったのを覚えてます」

畳が一面に敷かれたその部屋は走り回れるぐらいの広さがあった。寝る前はやっぱり枕投げでしょ、そう友達の母親が提案する。その言葉をきっかけに大人子供関係なしに本気で枕を投げ合って楽しんだ。ひとしきり遊び終えると、皆で布団を横に並べ眠りにつくことになった。


「深夜、足に冷たいものが押し付けられている感覚がして、目を覚ましたんです」

タニグチさんの足にくっついていたものは、大人の素足であった。冷え性なのだろうか、その足はまるで氷水にでも浸かっていたかのように、尋常ではない冷たさであった。

咄嗟に、その足から逃げるように少し足を引っ込めた。

うっすら目を開けると、部屋の中は仄暗かった。カーテンの隙間から差し込む月明かりだけが部屋の中を照らしている。

そんななか、再び気持ちの悪い感覚が彼女の足を襲った。

冷たいということも充分に嫌なのだが、それより何より知り合いとはいえ、他人の素足が自分の足と接触しているということが不愉快極まりなかった。

「逃げても、逃げても、またくっつけてくるんで、気持ち悪くてどうしたらいいか困っちゃって」

身体をずらしたり、寝苦しそうな声を出したり、布団の中で小さな抵抗を繰り返していたがまったくの無意味であった。

「横に寝ていたのは友人の母親だったんですけど、寝始めた時よりもやたらと近いんですよね。反対側は壁で逃げられなくて……」

その母親はタニグチさんに背を向ける形で寝ており、黒くて長い髪と背中しか見えない。

「あれ？　って思ったんです。何か変だって」

違和感の正体を探していると、その理由が分かった。その母親が着ている白い和柄の浴衣である。

「枕投げした時に、はだけるからってパジャマを着たんですよ。なので、誰も浴衣なんて着てないんですよね」

だが、目の前にいる人物はこの宿の浴衣を着ている。背中には旅館のロゴのようなものが刺繍されているのを目にしていた。

彼女はハッとした。この人は誰だ？

自分と友人母の間に割って入ったかのような位置に寝ている浴衣の女は、明らかに不自然であった。

もしかして、この冷たい足はこの世のものではないのかもしれない。

突如沸いた思考が頭の中を独占する。目の前の意味の分からない状況にわなわなと震えが止まらなかった。

「必死に寝ようとしたんですけど寝られなくて……」

浴衣の女がこっちに寝返りを打ってきたらどうしよう。考えれば考えるほど嫌な想像が膨らんでいった。

「もう一つ、おかしなことがあったんです」

部屋の外、廊下から電話の音が聞こえたのだという。大広間の入口は一面襖であった。その襖の向こう側から、携帯の電話番号を押すプッシュ音が聞こえてきていた。

「誰かが電話でも掛けているのかなって」

しかし、その音は一向に鳴り止むことはなかった。

ピポパポ、ピポパポ、ピポパ……

延々とボタンを押し続ける音だけが静寂な空間に響き渡っていた。

連続する不可解な現象により恐怖のどん底に落とされたタニグチさんは、布団を頭まで被り、震える自分の身体を抱きしめた。時間が経つのをひたすら待つ以外なかった。

「気が付いたら朝になっていました」

皆が起きてから、すぐさま昨夜のことを伝えたが、誰も夜中に電話を掛けてもいないし、夢でも見たんじゃないの、と本気にしてくれなかったという。

「楽しい旅行に水を差してはいけないなって、しつこくは聞けませんでした」

タニグチさんは一夜にして多くの怪異を体験したのである。そして、語り終えた彼女は肩の重荷がなくなったのか、スッキリとしたような表情で店をあとにした。

路地裏

ミウラさんの母親が、小学校中学年の下校時に体験した話である。

この日は近道をしようと、普段は使わない住宅街の塀と塀の間にある細い路地裏を、友達と二人で横並びに歩いていた。昨日のテレビがどうだったとか、シゲ君とアキちゃんが付き合っているだの、他愛もなく話していると背後から何やら物音が聞こえてきた。

ズッ、ズズズズッ

コンクリートの塀に服を擦り付けているような、重い麻袋を引きずるような音。

子供二人が並んでギリギリ通れるほどの幅であったため、友達が遠慮して壁に擦れてしまっているのかとも思ったが、そんな様子もなかった。振り返ると、数メートル後ろにスーツ姿の男性が、足を引きずりながら歩いているのが目に入った。

音の正体はこれかと納得し、きっとこの人は私達を追い越してさっさと抜けたいのだなと悟った彼女は、道を譲るように友達の後ろに移動して歩いた。

半分後ろを向くような姿勢の友達とお喋りをしながら、しばらく歩を進めるが、一向に男性が追い抜かす気配もなく、後ろで足音を立てている。

(もしかして不審者⁉)

思ったと同時に彼女のすぐ真後ろから足音がした。

ズズズズズズズッ、ズズズズッッ

あまりに近い距離感から全身に鳥肌が立った。

男が怪しい動きをしていないか確認するため、彼女は咄嗟に後ろを振り向いた。そこには一直線に五十メートルほど続く細道があるだけで、男の姿は何処にもなかった。

「今さ、後ろに男の人いたよね？」

「ううん、知らない」

彼女の問いの後も友達は音にすら気付いていなかったのか、平然とした様子でお喋りを続けている。その路地裏は高い塀に囲まれており、途中に分かれ道も隠れられるような場所もなかったという。

隙間

「私の寝室には引き戸式の収納があるんですが……」

そう切り出したのは三十代女性のウチダさんである。彼女の身に起こった寝室での恐怖体験。もしかすると、皆さんの身にも降りかかるかもしれない。

ウチダさんは夫と中学生の息子の三人暮らし。中古物件ではあるが、一軒家のマイホームで暮らしている。寝室は三人とも別。息子は自分の部屋で寝るし、夫婦もそれぞれの部屋を持って一人で寝ている。新婚の頃こそ夫婦二人で一緒のベッドに寝ていたが、引っ越しや子育てなど環境が諸々変化するうちに、安眠を求めてそれぞれ別の部屋で眠るようになった。

ウチダさんの寝室は、一辺の壁が一面収納スペースになっている。四枚の引き戸が付いており、容量も多く、大きなものも詰め込めそうな造りになっているが、ほとんど使っておらず、中は空っぽに近い状態だという。

ある日の夜中、ウチダさんは寝苦しさで目を覚ました。

掛け布団の下の身体は、じっとりとした不快感に包まれている。寝苦しさを紛らわすように寝返りを打った彼女は目線の先の収納に違和感を覚えた。収納の引き戸が全て四、五センチほど、だけ開いているように見えたのである。

そのわずかに開いた隙間の奥は真っ暗で何も見えないが、何か不気味な雰囲気がその隙間からこぼれ出ているような気がした。

ウチダさんはその気味の悪い隙間にそっぽを向くように寝返りを打ち直し、再び目を閉じた。しかし、背後から視線のようなものを感じ、不快感がおさまらない。

結局、身体を起こし、恐る恐る収納の扉を閉めた。それでもまだ不気味な感覚は続き、彼女は収納を背にしたまま、なかなか寝付けない夜を過ごしたのであった。

翌朝、ベッドから起き上がって、収納に目をやったウチダさんは愕然とした。昨夜、閉め直したはずの収納扉がまた少しだけ開いていたのである。

それからというもの、夜中に目が覚めては、閉めたはずの収納扉が開いているという現象に、毎夜悩まされるようになった。

数日後、いい加減疲れ果てたウチダさんは、この怪奇現象を夫と息子に相談することにした。

確かに閉めたはずの収納が真夜中にいつの間にか数センチだけ開いていること、そこから忌まわしい何かが覗いているような気がして眠れないこと、何度閉め直してもまた少しだけ開くこと、それらすべてを事細かに伝えたが、息子からは建付けの問題だと鼻で笑われるだけであったし、夫にはせっかく買った我が家の文句を言うなと返され、軽い夫婦喧嘩になってしまった。

せっかく打ち明けたにもかかわらず二人は彼女の話を信じなかったが、これで気が済むならと息子が収納を開いて中を確認してくれることになった。

ウチダさんは何か恐ろしいものが棲み着いているような気がして、この数週間ものあいだ収納の中を見ることができなかったのである。

しかし、息子が開いた収納の中は引っ越し当初と変わらず空っぽのままで、おかしなところは何一つなかった。やっぱり気のせいだったのか、精神的に疲れていたのかもしれない、ウチダさんはそんなことを考えていた。

その日の夜、ウチダさんに名案が浮かんだ。扉がひとりでに開いて隙間が生まれるのが怖いなら、最初から開けっ放しにして寝てしまえばいい。

ウチダさんは早速収納の扉を全開にした。昼に息子が開けてくれたのを見ていたので、空っぽの収納を開けること自体は、そんなに怖いものではなかった。

彼女は開けっ放しになった空の収納分だけ少し広くなった寝室で、ぐっすりと眠ることができたのであった。

翌朝、久しぶりの快眠から目覚めたウチダさんは起き上がり、彼女を散々悩ませた収納の方へと目を向けた。

完全に開ききったはずの扉は数センチを残して閉ざされている。隙間から不気味な視線が彼女に向けられている気がする。

ここには何もないし、誰もいない、誰もいない、誰もいない。

そう自分に強く言い聞かせる。そして、恐る恐る引き戸に手を掛け、力強く思いっきり扉を横へと引いた。

そこには何の変哲もない空っぽの空間があるだけであった。

よかった、やっぱり気にし過ぎだった。

そう思ったと同時、収納の奥から突然、こちらへゴロゴロゴロッという音と振動が伝わってきた。

転がってくる白いもの、それは白髪の老婆の生首であった。あまりの光景に腰を抜かし慄《おのの》いているウチダさんにその頭部はグルっと彼女の方を向いた。

血の滴る口を歪ませ、嫌な笑みをニタっと浮かべたかと思うと、煙のように跡形もなく消えていったのだという。

校舎の大時計

およそ三十年以上前のことである。当時、小学校高学年だったキモトさんは学校に忘れてきたリコーダーを取りに、夕闇の校舎に入ったことがあった。

その日は、次の月曜日にリコーダーのテストが控えており、週末の間に練習することが宿題として出されていた。キモトさんは下校途中に、リコーダーを持って帰るのを忘れていることに気が付いていたのだが、ついつい友達との遊びに夢中になってしまい、そちらを優先してしまったのであった。

リコーダーの練習をしてなくとも、練習をしたと言い張れば、先生にバレることはないだろう。キモトさんはそう軽く考えていたのだが……。

母は決して、彼のそんな甘い考えを許してはくれなかった。キモトさんがリコーダーを忘れたことを知ると、今すぐ学校へ取りに行くように、そう命じたのである。

まだ夕方とはいえ冬場だったこともあって、もう辺りは既に日が落ち、暗くなっていた。キモトさんは肌を刺すような冷たい風のなか、学校の正門へとたどり着いた。まだ校舎には残っている人がいるようで、ちらほらと窓から明かりが漏れている。

校舎へと入ると、昼間の活気に満ちた学校からは想像できないほど暗く、そして静かだった。廊下を歩く自分の足音が周囲に響き渡る。その音が背後から何者かが近付いてくるようにも聞こえ、急に怖くなってしまったという。

ようやく着いた教室で彼はリコーダーを手に取ると、夜の学校が放つ不気味な雰囲気に圧倒されながら、足早に校舎を後にした。

校舎から少し離れ、安堵したキモトさんはふと今の時間が気になった。後ろを振り返り、校舎の壁面に取り付けられた大時計に目をやった瞬間、ギョッとした。時計のすぐそばに黒い人影が佇んでいたのである。

その時計は広範囲に確認できるように、四階建て校舎の最上部に設置されており、そばに人が立てるような場所があるのかも分からない。仮にあったとしても、あの人はこんな時間にあんな場所で何をしているのか。明らかに普通ではなかった。

すると、その人はキモトさんに気が付いたのか、こちらへ向かって大きく手を振ったかと思うと、そのまま真っ逆さまに落下した。
その一瞬の出来事にキモトさんは何が起こっているのか分からず、恐怖からボロボロと涙を流しながら、家まで走って帰ったという。あまりの衝撃ゆえに、親にも言うことができなかったそうである。

休み明け、恐る恐る学校へ行くと、先生や友達は普段と変わらない様子で与太話に興じている。周りの人に何か変わったことはなかったか？　とさりげなく確認してみたが、あの日飛び降り自殺があったという話もなければ、落下事故があったという話もなかったという。

あれが何だったのかは未だに分からないが、もしかすると過去にこの学校で飛び降り自殺があったのではないか。そう思えて仕方がないのだとキモトさんは語ってくれた。

黒子

「曾祖母は実家が神社なので色んな怖い話をしてくれました。うろ覚えで間違えている部分もあるかもしれませんが……」

そう前置きしたうえで聞かせてくれた。今から三十年以上前の夏の日に、ゴトウさんが京都市出身の曾祖母から聞いた怖い話。

日本人形を扱う店には〝黒子〟と呼ばれる妖怪が潜んでいるのだという。それは一見ごく普通の、日本人形の姿をしていて、黒く綺麗な目を持つという。その、黒子の吸い込まれるような黒く綺麗な瞳と目が合ってしまった人間は、魅入られ取り憑かれてしまうのだ。

黒子は、取り憑いた人間に成り代わって生活していくようになり、取り憑かれた人間は周囲から徐々に認識されなくなり、やがて最後には存在自体が消えてしまうという。

聞いた当初のゴトウさんはかなりの恐怖と衝撃を受け、ずっと頭から離れなかったそうである。ふと、もう一度この話を詳しく聞きたくなったのだが、既に曾祖母は亡くなっており、周りにその話を知る人もいない。もしや知っているのではと思い、京都で怪談活動をしている私に聞いてこられた、という経緯であった。しかし、あいにく私も分からず……。

この妖怪〝黒子〟について何か知っている人がいれば、是非とも情報提供してほしい。

子供騙し

これは大学生のニシヤマさんが体験した話である。

午後十一時頃、ニシヤマさんはお風呂に入っていた。いつものように椅子に腰掛けて頭を洗う。すると、背後に何かがいるような気配を感じた。もちろんシャンプーをしている以上、目は塞がっていて後ろを確認することはできない。そもそも、ニシヤマさんは心霊の類をまったく信じていなかったので、さほど怖いとも思わなかった。しかし、ふと思いついて、小学生の頃にまれにしていた幽霊撃退法を試してみることにした。

小さい頃のニシヤマさんは、今とは打って変わって非常に怖がりだった。心霊現象の検証をするテレビ番組やホラー系のドラマを見た日には一人で寝ることすらできないほどだった。そんなわけで、彼はそういったテレビ番組を意図的に避けるようにしていたのであった。

ある日、テレビのザッピングをしている時に、ホラー系ドラマのクライマックスシーン、幽霊が画面いっぱいに映し出される場面にたまたま出くわしてしまった。

幼いニシヤマさんは、このうえないほど怖くなって、寝るどころかお風呂に入ることすらできなくなっていた。しかし、母親に急かされ、嫌々ながらも入浴することになってしまう。

お風呂に入ると、やはり何かいる気がする。気のせいだと分かっていても、怖いドラマを見た後はどこにでもお化けがいるような気がしてしまうのである。

恐怖が最高に達したのはシャンプーをしている時だった。後ろに誰か立っている気がする。もちろん、背後は数十センチメートル先にただの壁があるだけなのだが、その間に誰かいる気がする。ニシヤマさんは怖くなってどうしようもなくなってしまった。

このままシャンプーを流して目を開ければ多分お化けが襲い掛かってくるし、とはいえ髪が泡だらけのまま浴室を出るわけにもいかない。困り果てたニシヤマさんだったが、ここで彼の頭に名案が浮かんだ。

まず、シャワーを自分の背後に向けて、お湯でお化けを攻撃しびしょびしょにする。

さらにニシヤマさんは目を瞑ったままで壁にぶつかるまで後ろに下がっていく。彼の背中が迫ってきて、自分の居場所がなくなりそうなお化けは慌てて逃げていくという作戦だった。いかにも子供らしい考えではあるが、当時のニシヤマさんにとってはこれ以上ないほどのアイデアだった。

ニシヤマさんは早速お化けにお湯攻撃を仕掛け、じりじりと後ろに下がっていった。するとしばらくして背中に硬くて冷たい感触があった。それは壁まで到達したこと、つまり作戦が大成功してお化けがいなくなったことを意味するのだった。


ニシヤマさんは十数年ぶりにこの作戦を実行しようとしていた。

もちろん、幽霊なんかいるとは思わないし、ましてやお湯が効くとも思わない。ただ、気のせいであろう背後の気配と、ふと思い出した撃退作戦が懐かしくなって試してみたくなっただけである。

自身の背後にシャワーを向けてお湯をかけ、後ろにじりじりと下がっていく。しばらくすると、背中に二本の硬くて冷たい感触があった。

それは間違いなく人間の脚の感触だった。

ニシヤマさんはすぐに後ろを見たが、誰もいるはずはなく、ただシャンプーが目に染みるだけだった。

それからニシヤマさんは、シャンプーをする時は必ずあらかじめ壁に背中をつけるようになったそうである。

式

父が死んだ。三年にわたる闘病生活だった。最初に癌を宣告されてからここまであっという間だった。無口で、強がりで、恥ずかしがり屋だった父は死んだ。

正直言うと、父との思い出はあまりない。家の中でもいつも無口で、書斎に引き籠っているような人だった。家族でどこかへ遊びに行った思い出も特にない。ただ、貧乏だったわけではないから、欲しいと言ったものは買い与えてくれたし、友人と遊びに行くのに困ったこともなかった。

思い返せば、病気を患う前、父ととりとめもない雑談をしたのは妹の結婚式の日が最後だったような気がする。父は挙式の前の挨拶回りを一通り終えて喫煙室で煙草を吸っていた。一人で、娘の思い出に浸っている様子だったが、喫煙室に入ってきた僕に気付くと、涙ぐんだ目を擦って、

「俺、こういう式典どうも苦手なんだよ」

その一言は父の照れ隠しだった。


入学式だって卒業式だって、僕は父の姿を見たことがなかった。入場の時に母の方を見ても、隣にはいつも荷物とコートが置いてあるだけで、そこに父はいなかった。

小学校の入学式ではその光景を見てひどく落胆した覚えがある。父は自分のことに興味がないのかと腹が立った。

妹が小学校に入学する時、僕も入学式に出席することになったが、朝起きたら父もスーツを着ていたことに驚いた。僕の入学式には来ないくせに妹の式には出るんだ。そう思って、学校に着いて保護者席に座ってからもずっと拗《す》ねていた。あと十分もすれば式が始まるという時に、父は突然会場の外に出ていった。

僕は父がなぜ外に出たのか気になって後をつけた。父は校門の外にまで出て涙目で煙草を吸っていた。僕が見ているのに気付くと、煙草を消して目を擦って、

「俺、こういう式典どうも苦手なんだよ」

僕はその時、初めて父が自分の式にも来ていたことに気付いた。泣き虫で、すぐに強

がる父は、僕の式でも妹の式でも、始まる前に泣き出して、それを隠すために席を外すのだった。父と二人で妹の入学式に戻ると、母は僕らが座っていた席に誰かが座らぬように荷物を置いていてくれていた。

父に癌が見つかったのは僕が結婚してすぐのことだった。病室のベッドの上で窓の外に降る雪を見ていた父は、僕に早く結婚式を挙げるように言った。僕は父親がいない結婚式なんてあり得ない、癌が治るまで待つと妻も言っているから、余計な心配する前に治療に専念しろと言い返した。すると、父はやっぱり、

「俺は式典が苦手なんだよ、知ってるだろう。だから嫁さんのためにも早く式挙げてやれよ」

と掠れた声で言うのだった。

それから、僕が父のもとへ面会に行くことはあまりなかった。仕事もあったし、新婚だったし、母や妹はよく面会に行っているそうだし、大体医者は必ず良くなると言っていたし……。

そんな風にでたらめな言い訳はいくつも思いつくが、僕が病室に行けない理由がもっ

と単純なことは自分自身が一番分かっていた。闘病の苦しさを見せずに強がる父と何を話せばいいのか、なんと声を掛けたらいいのか分からなかっただけだ。うまく話せる自信がなかっただけなのだ。僕は式がないと父と喋れないんだ。

母から、父の病状が悪化して先が長くないことを聞かされて、僕はようやく決心がついて、父のもとへ会いに行った。久しぶりに見た父はひどく痩せ細っていて、死期が迫っていることを如実に感じさせた。それでも父は窓の外の桜の蕾を眺めながら、

「葬式はやらなくていいぞ、俺は式典が苦手なんだよ。知っているだろう」

なんていつものように強がるのだった。

翌日、父は死んだ。僕は四年間で数えるほどしか言葉を交わせなかった。父はやらなくていいと言ったが、そういうわけにもいかないので、僕が喪主を務めて葬式を執り行った。しかし、母の「あの人は恥ずかしがり屋だから」という意見もあって小規模に行った。会食もないものにしたので、骨上げと法要で式は終了した。

他の出席者は先に斎場を出ていたので、僕は後から一人で斎場の外に出た。やっぱり、斎場の入口のところに見覚えのある背中があった。

「やらなくていいって言っただろう。俺は式典が嫌いなんだって」

父は僕に背中を向けたまままそう言った。相変わらず強がっていた。

「一周忌が済んだら結婚式するから。絶対来いよ」

「おう、行ってやるから、絶対やれよ」

「周りから見えてないからって途中で抜け出すなよ、泣かせてやるからな」

「分かってる、約束だ」

そう言って、父は桜吹雪とともに消えていった。

心霊スポット巡り

03 香川県いもんた

香川県三豊市にある廃神社の心霊スポットである。知行寺山稲荷大権現とも呼ばれる。田園地帯に突如現れる真っ赤な鳥居、その鳥居をつき進んで行くと森の中から崩れた鳥居、荒れ果てた社殿が静かに立っている。

ここが心霊スポットとして知られるようになったのは比較的近年ではあるが、その圧倒

的な雰囲気から一躍有名スポットの仲間入りを果たしている。
この場所は元々H家という「呪われた一族」が管理しており、呪いにより一族全員が自ら命を絶ったという噂がある。詳しい内容などは分かっておらず、正直、信憑性もほぼ皆無だろう。
上半身のない霊が出るとか、誰もいないはずの周囲の森から物音や女性の声がするなど言われるが、この場所で心霊体験をしている人は少ない印象である。
当然、私も行ったことがあるのだが、ここへ行くまでの道があまりに狭く、Uターンできる場所もないため、深夜の真っ暗な狭い道をひたすらバックで帰ったのは地獄の思いであった。心霊現象は何も起こっていない。

※内容はあくまでも根拠のない噂です

首に纏わる話

これは、京都のとある塾で起こった話である。

クリタさんは今から約二十年前、小学五年生の時に英語の塾に通っていた。

駅前のこぢんまりとした三階建てのビルの二階にその塾が入っている。少人数制で、ネイティブの英語をしっかりと教えてくれるのが魅力的だったという。建物の一階には不動産屋が入り、三階はどこかの会社がオフィスとして使用していた。塾には三つの部屋があり、小中学生用の教室、高校生と大人用の教室、自習室となっていた。

彼女は授業が始まるまでの間、友達と他愛もない話に花を咲かせていた。

「じゃーん、見て！　実はこの前、買ってもらったの。私と同じ誕生日の子なの、すごくない？」

興奮気味に友達が話すのも無理はない。友達が見せてくれたのは、当時流行っていたチョコのおまけで付いてくるクマのキーホルダーだ。このクマには付属の紙に誕生日が印刷してあり、その誕生日が封を開けるまで分からない仕様になっているのだ。それを彼女は自分の誕生日を引き当てたというので、それは確かにテンションが上がる。

「うそ！　めっちゃすごいじゃん。私も何個も買ってるけど、全然当たんないんだよね」

「へへへ、私の宝物なんだー」

軽快に喋りながら、友達がキーホルダーをカバンに入れようとした時、ボトッと何かが床へ落ちたのが目に入った。

「えっ、なんか落ちたよ！」

と声を掛けると、友達が泣きそうな顔で拾い上げた。それはさっきまで彼女が大切に扱っていたクマのキーホルダーの胴体部分だった。

(買ったばかりって言っていたのに、なんで？)

そう思ったが、何度確認しても胴体と頭が別々になっている。

友達はその後、目を赤くし、必死に涙を堪えながら授業を受けていた。家に帰ってから親に縫い合わせてもらったようで、それからはもう取れることはなかった。

しばらくしてから、塾の別の友達から、こんな話を聞いた。

ある日、高校生の教室で数学の授業中に男子生徒が突然パニック症状を起こし、奇声を上げ出した。過呼吸かと、先生が外の空気を吸わせようと建物の外に生徒を連れて行くも、症状は一向に治まることはなく、生徒はなおも奇声を上げ続け、しまいには病院に運ばれたそうだ。

現場を見た友人によると、その首元には暴れた時にできたのか、無数の引っ掻き傷があった。その傷はまるで首と胴体を赤い糸で縫い合わせたかのように見えたという。その男子生徒は病院に運ばれると、何事もなかったかのように落ち着きを取り戻した。念のために検査もしたようだが、どこにも異常は無かったという。

これも関係があるのか分からないが、塾の先生がこんなことを話していた。

ビルの警備員さんが深夜に、各階の巡回をしていた。ライトを片手に持ち、三階から順番に侵入者が潜んでいないか、しっかりと扉が施錠されているかなどを確認していく。三階、二階、一階とすべての部屋の確認を終え、警備員室に戻ろうと扉を開けようとした時。警備員室の扉のすりガラス越しに、黒い人影が立っているのが見えた。その人影は首から上がスパッと切られたかのように無くなっている。

自分の目を疑った。この時間に警備員室に人がいるはずがない、しかも首のない人影なんて……。

「疲れているのか？」

とっさにそう思い、瞼を手でこすり、視線をガラスへと戻した。その時には影は煙のように消えてなくなっていたそうだ。

クリタさんは、中学へ進学するとともに、部活動の忙しさなどから塾を辞めたという。

「一番最初がぬいぐるみの首だったので、ぬいぐるみの呪いだってもちきりでした。でも私は、塾に入った時からなんだか嫌な感じ、してたんですよね……」

この建物が事故物件であった、この土地で何かあった、という情報はどれだけ探しても見つからなかった。

ただ京都という歴史深い土地柄上、後世に伝わっていない事故や事件があってもおかしくないのでは、と私は思う。

巡憶

二十代の女性オオグロさんが、夕方リビングの炬燵《こたつ》に入りテレビを見ていた時。母と祖母が夕飯の買い物から戻ってきたので、三人リビングで雑談をしていた。ふと思い出したように彼女は、祖母の面白エピソードを語って聞かせた。

この間、祖母にカップ焼きそばを作ってもらった時のことなのだが、急にボケたのか、知らなかったのか、お湯を捨てる前に焼きそばソースを入れて作ってしまったのだ。カップラーメンとは違うよと突っ込みを入れたおかげで気が付いたようだったが、味の薄い焼きそばを食べる羽目になってしまった。

その話で三人、ひとしきり笑っていたのだが——。

(あれ?)と不思議に思った。

二人に「ねぇ、この話って前にしたことあったよね? しかも同じ場所に座って」と言うと、「確かにそうだねぇ」と二人とも、思い出したかのように頷いた。

後日また、彼女は母と祖母と三人リビングでくつろいでいた。

彼女は炬燵に潜り、母はテーブルで新聞を読んでいる。祖母は台所で作業している。

その時、何気なしに祖母の話になった。彼女がカップ焼きそばを祖母に作ってもらおうとしたら、カップラーメンと作り方を間違えてしまった。その話を得意げに披露すると、また三人とも腹を抱え笑い転げた。

そして（あれ？）と思った。この会話に覚えがあったのだ。

「この話、前にもしなかった？」

と確認を取ると、やはり二人とも同じ答えが返ってきた。

彼女が思い出し、母と祖母が「確かにそうだねぇ……」と頷く、その光景までもが、まったく同じように感じ、背筋がゾッとしたのである。

その後も、このやり取りが後三回は続いたという。しかも、話し終えて笑いが落ち着いてから皆思い出すのである。

一ヶ月ほど月日が流れたある日、リビングでは母と祖母が一緒にテレビを見ていた。

「そういえばさー、前に何回もお婆ちゃんの話で笑ってたことあったけど、あれなんで話してたの忘れてたんだろうね？」と何気なく問いかけたところ。

二人とも、口を揃えてそんな話はしていないし、笑った覚えもない。そもそもカップ焼きそばの話も初めて聞いた。そうきっぱり言われてしまった。

祖母はボケていても不思議ではなかったのだが、母は比較的記憶力が良い方で、普段は私の方が「そんなことあったっけ？」と言っているほどだった。

そんな母も知らないとなると、あれは一体何だったのだろうか？

ちなみに、これ以降、カップ焼きそばの面白エピソードは封印してしまったそうである。

終わり良ければすべて良し

これは、三十代男性のツシマさんが高校生の時に体験した話である。

まだ真夏のような暑さが残る、九月の放課後のこと。ツシマさんは教室に一人で残っていた。一週間後に迫る定期テストのために、試験範囲の復習をしていたのである。

二、三の教科を一通り確認し、ほっとひと息ついて窓の外を見ると、外は夕焼けで赤く染まっていた。今日のところはここまでにしようかと帰り支度を始めたその時、教室の扉が開いて誰かが勢いよく入ってきた。同じクラスのヤマザキさんだった。ヤマザキさんは練習着のなかにタオルを持った手を入れ、豪快に汗を拭きながらツシマさんの方に近付いてきた。

「まだ残ってたんだ。来週のテストの勉強か。いっつも偉いよなあ、ツシマは」

ヤマザキさんのことが苦手だった。イケメンで背も高いし、優しい。スポーツもできてサッカー部のキャプテンを務めている。いつも明るくて学年の人気者。噂を聞きつけた後輩の女子がその姿を一目見ようとクラスを尋ねてくることもしょっちゅうだった。

そんな彼の姿を見ていつも劣等感を抱えていた。なによりも悔しいことは、彼がいつも学年トップの成績を取ることだった。彼のせいでツシマさんはいつも学年二位だったのである。勉強だけは誰にも負けたことがなかったツシマさんにとって、このことは何よりも屈辱であった。

次のテストこそはと、死に物狂いで勉強したことも何度もあった。それでも掲示板に張り出される順位表の一番上にはいつもヤマザキさんの名前が記されていた。


「でもヤマザキくんの方が成績良いじゃん」

「俺は一夜漬けでその場凌ぎしてるだけだし、テスト終わった瞬間全部忘れてるよ。受験の時には、ツシマみたいに真面目にコツコツやる奴の方が絶対良い点数取るんだって。大体俺、サッカー命だから、あんま勉強興味ねえし」

ツシマさんはヤマザキさんの返答に腹が立った。今まで溜め込んできた嫉妬、劣等感、そういったものが一気に込み上げてきた。

「じゃあなんで毎回一位取るんだよ。なんでみんなの人気取れるようなこと言うんだよ。サッカー命ならそれだけやってろよ。なんでお前だけ全部良い思いするんだよ。サッカーだけやって死んでくれよ」

ツシマさんは自分を制御できなかった。ただ涙目で身勝手な怒りをぶつけた。そんなツシマさんに、まるで子供を慰めるような声でヤマザキさんは言った。

「なあ、ツシマ。自殺に成功した人って、今までで一人でもいたと思うか？」

意味が分からなかった。黙るツシマさんを横目に、ヤマザキさんは続ける。

「例えば、ツシマが今その両手で俺の首を絞めて殺したら、もちろん俺はお前に殺されたことになるよな。じゃあ俺が今から飲むこのスポーツドリンクにお前が毒を混ぜたら？　あるいはわざとじゃなくてたまたま入れちゃったとしたら？　やっぱりお前が殺したことになるよな。お前自身の手で殺してなくても、間接的に毒で殺したとしても、俺はお前に殺されたってことになる」

急になんの話をしているのかわけが分からなかった。しかし、そんなことも気にせずヤマザキさんは続ける。

「じゃあ、いわゆる自殺をした人はどうだ。みんな何かに悩んで死んだんだよな。いじめ、失恋、勉強の悩みかもしれない。みんなその悩みを苦にして自ら命を絶ったんだ。でもよく考えてみろ。その悩みを引き起こした奴が絶対いるはずだよな。いじめだって失恋だって、故意であろうとなかろうと、どれだけ間接的であろうと悩みを凶器にして殺した奴がいるんだよ」

　そう語るヤマザキさんにいつもの明るい表情などなかった。ツシマさんはなぜか彼の話を最後まで聞かなければならない気がした。

「例えば、今ここでお前が俺への嫉妬を原因に自殺したら、お前を殺した犯人は俺ってことになる。分かったか？　今までの自殺は全部他殺なんだよ。自殺をした人間なんていないんだ。じゃあ自殺をできる人間の条件って何か分かるか？」

　ツシマさんは黙って首を横に振るしかなかった。

「真の自殺を成し遂げられる人間、それはなんの悩みもない人間だよ。すべてが思い通りで順風満帆な人生を送っている人間、そいつだけが本当の自殺を達成できるってわけ。全部自分の思い通りにできる人間は自分の死に方、人生のゴールさえも自分で選べるってことなんだよ」

　ヤマザキさんは言った。

「俺、いつか自殺しようと思うんだ。今はそれの準備中、だから俺、全部のことを全力で頑張ってんだよ」

ヤマザキさんは笑ってそう言った。爽やかな笑顔だった。


「おい、ヤマザキいつまで着替えてんだよ。早く帰ろうぜ」

廊下からサッカー部の同級生の声がした。

「あぁ、悪ぃ。すぐ行くわ」

ヤマザキさんはいつも通りの明るい口調で廊下の声に返事した。

「なんか悩みあったらいつでも相談乗るからさ、頼ってくれよ。じゃあまた明日な」

泣いていたのも忘れて呆然と立ち尽くすツシマさんに、そう言って教室を後にした。


「練習着のままじゃん。今まで着替えずに何してたんだよ」

「いやなんかめんどくさくなって、このままで良いかなって」

「生活指導に怒られても知らねえぞ。あいつ一回キレたら長えんだから……」

廊下から聞こえる声は次第に小さくなっていった。ツシマさんはその後一週間、何も身に入らなかった。クラスの人気者の脳内に生じていた歪みは、ツシマさんをそれほどまでに動揺させたのである。

二週間後、掲示板に定期テスト結果の順位が張り出された。そこにツシマさんの名前はなかった。一番上は相変わらず、ヤマザキさんの名前が飾っていた。

ツシマさんはこの話のあとにこう付け加えた。

「高校を卒業してから、僕は地元の大学に入学してヤマザキは東京の大学に行ったので、その後あいつがどうなったのか知らなかったし、この話自体も忘れかけていたんです。ただ、数週間前にすべて思い出す出来事があったんです。

テレビにヤマザキが出ていたんですよ。新進気鋭の若手社長に密着、みたいな内容でした。あの名前、あの顔、一瞬で思い出しましたよ。

それで気になってあいつの名前でネット検索したんです。するとインタビュー記事とか経営している会社の情報とかたくさん出てきて、今の生活が分かったんです。

事業をどんどん拡大して急成長中の会社を経営していて、美人の奥さんと溺愛する子どもがいるそうです。インタビュー記事で惚気ていましたよ。万人が想像するというか、教科書通りというか、良い人生の型通りみたいな感じでした。

多分、思い通りの人生で、何も悩みがないということをアピールしたいだけなんだと思います。あいつは自殺がしたいだけなんですから」

愛してる

「うーん、それはまだ警察ではどうしようもないかなあ」

「以前勤めていた職場の女性なんでしょう。ストーカーだと決めつける前に、一度話し合ってみたらどう？　こういう相談があったということは記録に残しておきますから、何かあったらまた来てください」

アイハラさんは仕方なく警察署を後にした。以前の職場の同僚に付きまとわれているという相談は軽くあしらわれてしまった。彼がストーカー被害を相談しても、被害を受けたと主張しているのが男性であることが理由なのか、警察が重く捉えることはなかった。

警察に突き放され、アイハラさんは意気消沈しながら自宅へ帰ってきた。玄関のドアを閉めたその瞬間、携帯に着信が入った。

「お帰りなさい、どこに行ってたんですか」

電話の主は、彼をストーキングする張本人。カワグチさんだった。

カワグチさんがアイハラさんの勤めていた会社に入ってきたのは七年前のこと。専門学校を卒業したアイハラさんが勤め始めて二年後に、芸術系の大学を卒業したカワグチさんが入社してきたのだ。

ウェブレイアウトからイラストまで、デザイン系なら何でも扱う小さな会社で、社員の数が少なく、そのため、入社二年目のアイハラさんがカワグチさんの教育係となった。

アイハラさんの方が勤続年数が長いとはいえ、同い年であるし、挨拶を交わしたり、雑談したりすることはもちろんあったが、恋人の関係に発展するようなことは決してなかったという。

それから七年の月日が経って、アイハラさんはフリーランスのデザイナーとなるため会社を退職した。特に問題もなく円満に退職することができたのだが、異変は数ヶ月経ってから起こった。

外出するたびにどこからか視線を感じるのである。視線の主が誰なのか、どこにいるのか、あるいはまったくの気のせいなのか。その正体が分かったのは数日後のことだった。携帯に非通知着信が入ったのである。

「わたしのことまだ愛してますか」

そう問いかける女の声とともに、通話はすぐに切断された。アイハラさんはその女が誰なのかはっきりと思い出すことができなかった。しかし、どこかで聞いたことのある声に違いなかった。


その翌日も非通知着信があった。アイハラさんは気味の悪さよりも声の主が誰なのか知りたいという好奇心が勝り、昨日と同じように電話に出た。

「わたし、いつまで待っていればいいですか」

「きみは誰？　なぜ僕に連絡してくるんだ」

そう尋ねようとしたところで電話は切れた。しかし、彼はその声から電話の主がカワグチさんであることに気が付いた。

もしかすると、カワグチさんが何か誤解しているのではないかと思い、解決に向けて接触を図ろうとした。彼はまず、以前に勤めていた会社に連絡し、カワグチさんのことを尋ねたが、彼女は既に退職していた。その後の仕事先や連絡先を教えてもらうことはできなかった。

なぜ知りたいのかと問われ、ことを大きくする気にもなれず、理由は言わなかった。これ以上尋ねれば、逆に自分がストーカーとして疑われてしまうと思ったアイハラさんは、会社経由での接触を諦めた。

直接カワグチさんと話し合えればいいのだが、カワグチさんは必ず非通知発信で電話を掛けてくるし、何か一言問いかけを発すると、答えも待たずすぐに切ってしまうのでそれもだめだった。

また、この頃になるとアイハラさんの自宅には手紙が届くようになっていた。内容は電話と同様で、

「どうすればわたしに向き合ってくれますか」

「わたしに何を求めていますか」

「好きか嫌いかどっちですか」

といった問いかけが一言書かれただけのものであった。宛先や送り主の氏名や住所も記載されておらず、自宅の郵便受けに直接投函されたようであった。

カワグチさんのアプローチはどんどんエスカレートしていった。迷惑しているとはっ

きりと彼女に言いたかった。が、直接接触することはできないままだった。そして困り果てたアイハラさんは警察署へ相談に行ったが、軽くあしらわれてしまったのである。

数日後、警察にも頼れなくなったアイハラさんは打つ手を見出せずにいた。いっそのこと姿を見せて付きまとってくれれば、もう一度警察に相談することができるのに……。

クライアントとの打ち合わせ終わり、そんなことを考えながら帰路についていた。その時、携帯が鳴った。また彼女か。アイハラさんはそう思って憂鬱ながらも着信に出た。

「カワグチさんが亡くなったそうだ」

電話の主は前の会社の上司だった。アイハラさんが以前カワグチさんの所在を尋ねたことを気にかけて連絡してくれたようだった。上司によると、彼女は交通事故に遭って、昨晩の内に亡くなったというのだ。

アイハラさんは、彼女から解放されたような、結局彼女が何をしたかったのか何も分からずじまいでもやもやしたような、また単純に知り合いが亡くなっていたたまれないような、そんないくつもの感情を抱えながら自宅へ急いだ。

早足で自宅へ急ぐうちに、背後から足音が聞こえることに気がついた。

暗い夜道を進み、自宅マンションに着いても足音はずっと続いていた。エレベーターに乗り込み、自宅に着いて、扉を開けようとした時、背後に人がいたことに気が付いた。

その顔を見てアイハラさんは呆然とした。

それは亡くなったはずのカワグチさんだった。


その後、アイハラさんは再び警察へと行って相談をした。

「うーん、それはもう警察ではどうしようもないかなあ」

「だってもう亡くなってるんでしょう。故人にストーカーされているって言われてもねえ。警察じゃなくて病院とかそういう医療的な判断をしてくれるところに行ったらどう？　こういう相談があったということは記録に残しておきますから、まあ万が一、何かあったらまた来てください」

アイハラさんの懸命な訴えは通じなかった。

彼が必死に警察に説明している間も、背後にはずっとカワグチさんが静かに佇んでいた。しかし、アイハラさん以外には見えなかったようだった。

またも警察に突き放され、アイハラさんは意気消沈しながら自宅へと帰った。

「どうして君は僕との接触を避けていたの」

「どうして亡くなって初めて堂々と付きまとうようになったの」

「君は何がしたかったの」

その言葉にいまだ返事はない。

アイハラさんがこの話を提供してくれた後、私にこう言いました。

「僕の後ろには今も彼女がいるんですが、見えませんよね」

女子更衣室からの電話

ミツイさんが大学生の頃、大阪と奈良の府県境にある某観光ホテルでアルバイトをしていた。

ある日、珍しく夜勤のシフトだったミツイさんは、他のスタッフ数人と事務所で作業をしていたところ、巡回中の警備員が訪ねてきた。警備員は軽く雑談を交わした後、去り際にこんなことを言い出したという。

「こんな雨の晩は、女子更衣室からの電話に気を付けろよ」

唐突な意味不明の言葉に、残されたミツイさんたちスタッフは何のことやらわけが分からず不思議がっていたが……。

プルルルル、プルルルル。

ほどなくして、真夜中の事務所に突如、電話が鳴り響いた。電話のディスプレイには〝女子更衣室〟と書かれている。それを見るや否や、あまりのタイミングの良さに皆が一瞬顔を見合わせた。

先ほどの警備員の言葉のせいで、ミツイさんの脳裏には不吉な予感がよぎっていた。だが仕事は仕事である。もしも、緊急の電話を〝怖かった〟なんて理由で取り損ねでもしたら大目玉は免れない。

彼は受話器を手にし、ゆっくりと耳に当てた。受話器の奥からはテレビの砂嵐のようなノイズが聞こえてくる。

「もしもし、聞こえますか？　大丈夫ですか？」

「……ザザッー、ズザザザー、アアアァ」

何度呼び掛けてみても反応はなかった。仕方なく受話器を元へと戻す。

何かがあったのかもしれないから見てこいという社員の命令で、ミツイさんとバイト仲間の二人で女子更衣室へと向かうことになった。

そこは従業員専用の女子更衣室である。当然、一般客が迷い込むようなところにはないのでお客さんの可能性は薄い。

では従業員が？　とも思ったが、今日に限って女性従業員は誰も出勤していないのだ。

明らかな違和感を抱きつつ、バイト仲間と恐怖を和らげるように話しながら歩いた。

女子更衣室へ到着し、その扉を開けると中は真っ暗だった。電気のスイッチを点け、中を確認するが誰の姿もない。

機械的なトラブルだったのだろう、ミツイさんはホッと胸をなでおろした。そして事務所へ戻ろうとした時。同行していたバイト仲間が青ざめていることに気が付いた。

「どしたん？　異常もないし、早いとこ戻ろうや」

ミツイさんがそう言葉を掛けると、仲間は震え声で答えた。

「……なぁ、さっきの電話ってどこから掛かってきたんだっけ？」

「どこからって、そらここやろ、だから確認しにきてるんやん」

「……じゃあさ、電話ってどこにある？」

「電話は……」

ミツイさんは言葉に詰まってしまった。そして辺りを見渡してみる。

どこにも電話機はなかった。それればかりか、配線などの電話機があったであろう痕跡すらもなかったのである。

では、電話はどうやって掛かってきたのだろうか？　ミツイさんの脳内で、真っ暗な更衣室の中であるはずのない電話機を持って佇む、不気味な女の姿が浮かんでいた。

怖くなった二人は、その場を逃げ出すようにして事務所へと戻った。

事務所にいた社員に今の出来事を話すと、

「ディスプレイの登録ミスやろうね、別の部屋からの電話やろうけど、間違えて〝女子更衣室〟って登録してしまったんやな」

社員は顔色一つ変えずあっさりと答えたが、ミツイさんの心にはわだかまりが残った。

なので、社員がちょうど休憩へ行っている間、ミツイさんは着信履歴から〝女子更衣室〟を探し出し、発信ボタンを押した。

「ツー、ツー、ツー、ツー」

電話は、コール音が鳴るどころか、一切繋がらなかったという。


ミツイさんは後日知ったことだが、このホテルでは様々な怪奇現象が多数報告されているそうである。

宴会に来たお客さんに写真を頼まれた従業員がシャッターを切ると、お客さんを覆いつくすような無数のオーブ（玉響現象）が写ってしまった。掃除をしていた従業員が、空き部屋に白い服を着た女が入っていくのを目撃したため、不審に思い付いていくと部屋には誰もいなかった。修学旅行生が幽霊が出たと騒ぎだし、パニックになった――などである。

このホテルは現在も営業中であるため、場所が特定されないよう詳しくは書けないが、付近はいわくつきの場所が数多くあるような立地であり、実は私（Ｃｏｃｏ）も別件の取材でホテルの前を通ったことがあった。その時は話を聞く前だったのでなんとも思わなかったのだが、そのひと月後に怪談提供してもらったことを考えると、既に不思議な縁があったのかもしれない。

ちなみにそのホテル名をネットで調べると、「〇〇ホテル怖い」や「〇〇ホテル心霊」という不穏な検索予測が表示されることを確認した。

触らぬ神に祟りなし

タカダさんの以前住んでいた部屋で、不審なことがあったのだという。ただ、これがはたして怪異なのか、人為的な現象なのか、確信に至る部分がなく悩んでいると話してくれた。

当時の彼は築五年の綺麗なハイツに引っ越したばかりであった。一階は玄関のみとなっており、入るとすぐに階段があり、二階が主な居住スペースとなっているのである。2LDKの部屋は単身のタカダさんにとって申し分のない広さで、これから待ち受ける快適な生活に心を躍らせていたという。

ある晩、布団で寝ていたタカダさんは、水がザァーっと激しく流れる音で目を覚ました。寝起きの冴えない頭で、水音のする方向へと耳を傾ける。どうやら、風呂場の方から聞こえるようだった。

（ちゃんと閉めたはずなのになぁ……）

初冬のことである。布団から出るにはなかなか勇気が必要だった。だが、引っ越したばかりで金銭的な余裕のない彼にとって、水の出しっぱなしは死活問題である。

毛布に包まりながら、重い足取りで風呂場へ向かうと。案の定、蛇口から猛烈な勢いで水が流れ出ている。慌てて取っ手を捻り、水を止めようと試みる。何度も何度も回してようやく栓を閉じることができた。どうやら全開まで開かれていたようだった。寝室に戻った彼は布団へ潜り込んだ。仮に閉め忘れだとしても、普段、蛇口を全開にすることはないのにと若干の違和感を覚えつつも、睡魔には勝てず、そのまま朝を迎えた。

それからも、蛇口から勝手に水が出ているという現象が月に数回の頻度で起こった。それも決まって深夜寝ている時なのだ。

（故障だと高くつくだろうなぁ、でも入居したてだから大家さんが……）

故障を疑ったが、蛇口を閉めるとしっかりと水は止まってくれる。そのうえ、毎晩起こるということでもない。一度、水道関係の仕事をしている友人に来てもらったのだが、

「どこにも異常ないよ、しっかりと手入れされてるし、閉め忘れたんじゃないのか」

と言われ、逆に自分の落ち度を疑われてしまう始末だった。

引っ越しの片付けや水道トラブルなどで、数ヶ月遅れて市役所に転居届を提出しに行った時のことである。申請書に必要事項を記入し、提出する。番号札を渡され、近くの長椅子で待っていた。

平日でも沢山の人で混みあう役所に、職員は慌ただしく動き回っている。

これは時間が掛かりそうだな、と覚悟をしつつ時間を潰していた。だが、一向に順番が来ない。いくら混雑しているとはいえ、タカダさんよりも後から来た人ですら用事を終え帰っているのを見て、次第にイライラが募り始めた。

文句の一つでも言ってやろうかと思った矢先、番号が呼ばれ、職員の待つカウンターへと座った。

物腰柔らかな中年女性であった。だが、なぜかうんうんと唸りながら不自然な質問をしてくる。部屋番号にミスがないか、最近引っ越してきたのか、一人で住んでいるのか、そういったことを遠回しにしつこく聞いてくるのだ。

先ほどのイライラもあったタカダさんは、その職員にきつい口調でなぜそんなことを聞くのか問い詰めた。

すると職員は、普段こういうことは言えないのですが、と前置きをしたうえで話し出した。

「転居届に記載されている部屋に、既に五世帯も住民登録がされていまして。以前、住んでいた方が、住民票を異動せずにそのままということは稀にあるのですが、さすがにこの人数の方がそのままというのは……」

思いもしなかった言葉に、タカダさんは困惑で言葉を失ってしまった。

「もちろん、このまま住民登録もできますが」

そう言われたが、どうしてもそのまま住所を移す気にはなれず、しなかったという。

見ず知らずの他人が一緒に住み、生活を共にしている。そんなありえない映像が頭の中で延々と流れていた。彼らはなぜ住民票を異動しないのだろう。もう亡くなっているのだろうか。正式な手続きの元で亡くなっているのだとしたら、除票されるため、そのまま残っているのはおかしい。それとも、ここが何かの犯罪に利用されているのか？

役所に再び相談に行こうとも思ったのだが、さらに住民が増えていそうな気がして行くに行けなかったという。

「多分、事故物件サイトとか不動産屋に聞けば真相に近付けるんでしょうけど、水道のこともあったから、調べるのが怖くてね。なんだかとんでもないことに巻き込まれてしまう気がして、そのまますぐに引っ越しちゃったんですよ。引っ越し費用はすごく痛かったですけど、触らぬ神に祟りなしとも言いますし……」

この話をタカダさんから聞かせてもらった時。私（Ｃｏｃｏ）は一つの嫌な可能性に気が付いた。件の部屋に住民登録をして住んでいた人が、何かしらの現象に悩まされ、別の場所へと引っ越す。そして、あの部屋から住民票を移す前に行方不明にでもなったとしたら、住民票はそのまま、あそこに留まることになるのではないだろうか？

親友の右手

これは二十代男性、タカハシさんが体験したお話である。

タカハシさんには、物心ついた時からずっと一緒に過ごしてきた親友がいた。初めて出会ったのは保育園のお遊戯会の時だった。引っ込み思案のタカハシさんは、自分の出番を前にしてひどく緊張していた。そんな時、その子は何も言わずぎゅっと手を握ってくれた。その突然の出来事にひどく驚いたが、握られた手から伝わる温かさは彼を勇気づけるのに充分だった。緊張がほぐれ、見事元気いっぱいで自分の出番を迎えることができた。

それから二十年近くもの間、彼の一番そばにはいつだって親友がいた。小学校の初登校の日、初恋相手への告白、高校受験、中学高校と六年間続けた部活の地区予選の決勝大会、そして大学受験。タカハシさんが過度なプレッシャーに押しつぶされそうになった時には、必ず何も言わずに黙って手を握ってくれたし、彼にとってもそれが当たり前になっていた。彼はそれに何の疑問も持たず、むしろ勝負どころではいつも親友の右手に鼓舞されていた。

その日は第一志望である企業の最終面接だった。自らの順番が刻一刻と近付くなか、緊張がピークに達したタカハシさんはトイレに駆け込んだ。いつも通り、親友の手を握り落ち着きを取り戻そうという考えだった。トイレに誰もいないことを確認し、ポケットに右手を突っ込んだ。ポケットの中の親友は彼の右手を何も言わず、ぎゅっと握り返して励ましてくれた。親友の激励のおかげで自信を取り戻したタカハシさんは覚悟を決めて面接へと向かったのであった。

彼が着る服の右ポケットにはいつも右手があった。といっても、着心地に違和感があったり、ポケットの部分に不自然な膨らみがあったりするわけではなく、彼がポケットに手を突っ込んだ時にただ握り返してくるだけであった。しかし、その右手は彼の人生において初めての友であり、最も長い時間、そして最も近くで過ごした親友であった。顔、姿、声、性別そんなものは分からなかったし、そもそもそれらがあるのかどうかさえ知らなかったが、そんなことはどうでもよかった。人生の苦楽を共にし、ここぞという時に励ましてくれた、という事実だけで二人の仲を深めるのには充分すぎるほどであった。もっとも、仲が深いことを親友に確かめる術は無いのだが。

大学を卒業し、タカハシさんは社会人として新たな一歩を踏み出した。スーツに身を包み、電車に揺られる。電車を降りたらポケットに右手を突っ込み、勇気とともに入っていくのはあの第一志望の企業のビルであった。

数年が経ち、タカハシさんは少しずつ仕事にも慣れてきた。幼い頃の内気な性格も消えてなくなり、女遊びをするような時さえあった。年を重ねるにつれて自らで制御できないほどのプレッシャーに襲われることも少なくなってきた。そうすると、右ポケットに親友がいることに対するメリットが薄れ、代わりにデメリットが目立つようになった。それは、右ポケットに物を入れることができないことである。どんな服装であろうと右ポケットがあれば必ずその中には手があるわけであるから、少しの間鍵を入れておくことも、スマートフォンを一瞬収めておくこともできないのである。もちろん、タカハシさんはそもそも確かめたことすらなかったので、実際何か物を入れてみたら案外なにもなかったという可能性もあったのかもしれない。しかし、親友の家にモノを乱雑に突っ込んでも良いのかという葛藤がそれを試してみることすら咎めさせたのであった。

しかし、久しぶりに親友に勇気を分けてもらわなければならない瞬間が近付きつつあった。タカハシさんは大学時代から交際し、同棲している恋人との結婚を考えていたのである。彼はプロポーズをするために店を数軒回り、婚約指輪を選んだ。想像以上の出費に少し面食らった彼はカードを切る前に一瞬右ポケットに手を入れた。今まで以上に強く握って離さない親友の右手に、彼はこれ以上ないほどの勇気をもらい、プロポーズの成功を確信した。

あとはプロポーズ当日の段取りだけだ、どこでどうやってプロポーズしようか。そんなことで頭がいっぱいとなったタカハシさんは、ついつい右ポケットにスマートフォンを入れてしまった。

彼が自宅に帰ってもそこに彼女の姿はなかった。いつもならこの時間には帰っているはずだと思った彼はどこにいるのか聞こうと考えた。スマートフォンを取り出し、メッセージアプリの彼女とのトーク画面を開いた時。送った覚えのないメッセージが送られていることに気が付いた。それは過去の女遊びの記録、不貞の証拠の数々であった。こんなことをできる奴は一人しかいない。親友である。制御出来ないほどの怒りの感情が湧いてきたタカハシさんは、右手をポケットの中に押し込み親友を探した。着ている服のポケットにいないことが分かると、クローゼットの服、ベランダに干してある服、家中のポケットをすべてまさぐって親友の居場所を探した。見つけ出してどうしてやろうということまで考えているわけではなかった。ただ、親友の人生の一大事を邪魔するあいつがどうしても許せなかった。裏切られた失望と悲壮感でいっぱいだった。散々親友を探して部屋も荒れ果てたころ、スマートフォンの通知音が鳴った。タカハシさんは両手で慌てて端末を手に取った。彼女からのメッセージだった。

「さようなら」

心霊スポット巡り

04 岐阜県 二股隧道

岐阜県加茂郡にある旧トンネルの心霊スポットである。朝鮮トンネルとも呼ばれる。

今現在は通行止めになっている木曽川沿いの国道四一八号の先にあるトンネルで、廃道なので当然の如く道の管理もされておらず、落石や倒木などで路面は荒れ果てており、照明設備もあるはずもなく真っ暗。電波状況も最悪のため、色んな意味で恐ろしい場所でも

ある。ここに纏わる有名な噂としては、この場所の通称の由来ともなったもので、過去にこのトンネルの建設作業に朝鮮人労働者が酷使され、なかには過労死や事故死した者もいるという話だ。死の隠蔽のためにその死体をトンネルの壁面に埋め込んだという話まであり、もしもそれが事実であれば幽霊よりもそちらの方が数段恐ろしい。その恨みの感情、怨念が今でも残っているとされ、その霊が出るのだという。

トンネル内へ入ると、人影に追われたり、写真を撮ると闇の中から沢山の顔が浮かんでいるように見えたという体験談もある。

私が訪れた際は、国の特別天然記念物であるニホンカモシカらしき動物を見かけ、少しテンションが上がったのが印象に残っている。

※内容はあくまでも根拠のない噂です

水恐怖症

マツザカさんは極度の水恐怖症である。そんな彼だが、元々泳ぐこと自体は得意な方であったそうだ。あることが原因で泳げなくなったと話す。

小学校低学年の頃に三歳上の兄と同居する祖父に連れられ、釣りに行った時のこと。時期は七月の天気の良い日だった。どこの川へ行ったかは幼かったので覚えていない。家からそう遠く離れていないのでおそらく岐阜県内だったと思う。

山の麓から川と並走し、中流にある目的の釣り場へと車を走らせていた。山道を上っていくにつれ、店や民家が減っていき、周囲の山々は鬱蒼と生い茂る。

目的地に着くと川の脇に車を停め、三人で早速釣りの準備を始めた。兄と川の端に大きく丸いゴロッとした石を集め、魚が釣れたら確保しておく用に小さな生け簀《す》を作っておいた。川幅はそこまで広くなく、流れも非常に穏やかだった。底が透き通るぐらい綺麗なエメラルドグリーンだ。そこには、自分達以外は誰もいなかった。数時間で三匹の魚が釣れた。マツザカさんは小さい魚を一匹だけ釣った。それから釣りを止めて兄と川で遊ぶことにした。

「思ってたより冷たいな」

先に兄が川に入り、後からマツザカさんが続く。

「ほんとだ！　手で触ってた時より冷たい！」

日差しに照らされ、もう少し温かいものだと思っていたが、水は痛みを感じるほどに冷たい。

「あんまり深いとこ行くなよ、着替えは持ってきてないからな」

祖父に言われマツザカさん兄弟は、膝下ぐらいの深さの場所で水の掛け合いをしていた。

その時、水中からマツザカさんの両足を誰かが掴み、グイッと後ろに引っ張った。その勢いで彼は顔面から水にダイブする形となってしまった。

一瞬何が起こったのかまったく分からなかった。水中から上がろうとするも一向に上がれない。足を誰かが掴み、ツタのように絡まり付いている感じがする。このままでは息が持たない。マツザカさんは、一生懸命に足をバタつかせてもがいていた。

その時、ガシっと両脇を掴まれ引っ張られた。

マツザカさんは祖父に抱きかかえられ、川の中から出ることができたのである。

「なにしてるんや、こんな浅い川で流されてきて、替えないゆうたやろ。もう帰るぞ」

祖父の一言で家路についた。車の中でさっき見た光景を一生懸命忘れようとしていた。

祖父に引き上げられる直前に見た、水中で自分の足に絡まり付く複数の青白い手と虚ろな目をした男の顔を……。


それから数年後のこと。マツザカさんは家族で潮干狩りに来ていた。

海だが水の中に入るわけではない。川での出来事もすっかり記憶から薄れていた。夢中になって貝を採っていると、沖の方からこちらに向かって手を振る人物が数人いることに気が付いた。辺りを見渡しても誰一人として手を振り返すものはいなかったので、そばにいた母に、

「あれは誰に手を振っているんだろう？」

と何気なしに聞くと、

「手を振ってる人？　どこにそんな人いるの？　沖には誰もいないよ」

川での出来事が鮮明にフラッシュバックし、すっと血の気が引いた。沖に人が立てるはずがないではないか。見えているものが一体何なのか分からない。ただ得体の知れない何かに誘われていると理解した。

川にいたものと海にいたものが同じものなのかは分からないそうだが、川で複数の人の手で溺れさせられそうになったこと、海の沖から自分に手を振る人も複数いたことから、なにか共通するものがあるような気がするという。彼と水にはどんな因果があるのだろうか？

彼は今でも、プールや銭湯などの水ですら避けて生活しているという。

かごめ唄

これはナカガワさんが、幼少期に祖父母の実家である四国の一軒家で体験した話である。幼少期のことなので、朧気《おぼろげ》な記憶を必死に思い起こしながら、親から聞いた情報なども含めて私に詳しく話してくれた。

ナカガワさんが幼稚園の年長、もしくは小学校に入学したての時だというので五、六歳の頃のことである。夏真っ盛りのお盆の時期、四国の徳島県にある祖父母の実家へ旅行も兼ねて遊びに行こうということになった。ナカガワさんは静岡県に家族三人（父、母、ナカガワさん）で住んでいた。まだ開通して間もない明石海峡大橋を自家用車で通行し淡路島を経て、四国へと向かう。静岡県と徳島県という決して近くはない距離のため、久しぶりに祖父母に会えるのを家族みんなで楽しみにしていたのを記憶しているそうだ。

朝から出発し、約半日かけて長い長い道のりを進む。到着した頃にはもう日も落ち、辺りはすっかり暗くなっていた。着くと祖母が腕を振るって料理を作ってくれており、その日は移動の疲れもあってか、夕食を食べるとすぐに寝てしまった。

近くには山と海があり、自然豊かでのんびりとしたロケーションである。祖父母の家は瓦屋根の平屋ではあったが、部屋数がとにかく多く、築年数は不明だが、かなり古い家だった。

その日は朝から雨で、家の中で遊ぶことにした。屋根裏部屋があり、普段は倉庫兼物置きとしてしか使われていなかったこの屋根裏に、一人で潜り込んでは、

「秘密基地みたい！」

と大はしゃぎで走り回っていた。

部屋には裸電球が一つだけぶら下がっているだけで薄暗い。しかも、この日はあいにくの雨で外からの日差しはほとんどなく、いつにも増して不気味な雰囲気だった。雨のせいで、ジメッとはしているが、普段暑苦しい部屋がちょうど心地良い気温となっている。

ギィーギーギィーという床の軋む音と何かの気配で目が覚めた。遊び疲れてそのまま寝てしまっていたようである。その瞬間、目の前の光景にびっくりして身体を起した。

部屋の中にはナカガワさんの周りを手を繋ぎ、グゥルリと囲む見知らぬ子供ら六、七人がそこにいる。それらは、背格好はナカガワさんと大して変わりなく、服装もどこにでもいそうな子供たちなのだが、顔が……顔が……おかしい。

のっぺらぼうのような顔に、取って付けたかのような、明らかにバランスがくずれた不自然な目鼻立ちをしている。

目の前の光景に、驚きと恐怖で動くことができずにいると、

「かーごめかごめー」

歌いながらグルグル周りだした。その声は子供なのか大人なのか、男なのか女なのか、はたまた機械のような甲高《かんだか》く無機質な声でもあった。

ナカガワさんは床に座りこんだまま身体を動かせず、その光景をただただ見ていることしかできなかった。薄暗い屋根裏部屋で奇妙な子供の歌だけが響いている。

「いーつーいーつーでーあぁーうー」

その光景をどうすることもできぬまま、歌が終わりを迎えようとしていた。

「後ろの正面だーあぁーれ」

その時、彼の後ろに今までなかった気配が急に現れた。

本能的に後ろにいるものを見てはいけない。そう思っているにもかかわらず、無理やり少しずつ後ろに顔を回される。何かに頭を鷲掴《わしづか》みにされているような感じだった。グッグッグググと自分の意志とは反して顔が後ろへ向いていく。次第に目の端に何か赤いものを捉えた。

血のような赤黒いべっとりとした液体を纏わりつかせた、人なのか何なのか得体の知れない〝モノ〟がいた。そのシルエットはかろうじて人間の子供のようだが、ぐずぐずで今にも崩れそうになっている。

ナカガワさんの記憶はここで途切れているそうだ。この時のことについて後に母から聞いた内容はこうである。

祖母と台所で夕食の準備をしていた時のこと。

突然耳をつんざくような泣き声が響き渡った。

何事かと思い、急いで屋根裏部屋に駆けつけると、そこには座りながら、涙で顔をグチャグチャにし、泣き喚いているナカガワさんがいたそうだ。

心配した母が何があったのか聞いても、

「分からない、分からない」

それしか答えなかったという。その場は怖い夢でも見たのだろうということで収まった。


「この一件以降、僕自身や祖父母とか身内に何か不幸があったということや他に怖い体験をしたということはありませんでした。祖父母は両方とも今では亡くなってしまいましたが、代々裕福な家庭でしたし、最後まであの家で幸せに暮らしていたと思います。ただ、怖いので屋根裏部屋で遊ぶことはなくなりましたね。なにが原因であれを見たのかは結局分からずじまいです。今となってはもう徳島の家に行く機会もないので、真相を確かめることができないのが残念です」

ナカガワさんはそう話を締めくくってくれた。

「かごめかごめ」という歌や遊びについては、その特徴的な歌詞や発祥が不明な部分から、様々な都市伝説が囁かれているのは有名な話だ。例えば、「徳川埋蔵金のありかを示しているという説」、「監禁されている遊女を歌ったという説」、「姑により流産させられた妊婦を歌ったという説」、「ヘブライ語説」、「宗教的儀式説」、「降霊術説」などなど。

謎多きこの歌について紐解いていくと、祖父母の家で起こった怪奇現象がなんだったのか、もしかすると分かるのかもしれない。

足音

勤務中に間に合わなかった仕事を自宅へと持ち帰り、夜を徹して働いていた時のこと。

作業に行き詰まったアダチさんは一息入れるべく、夜食を食べようと思い立った。

昨今コンビニスイーツのレベルが格段に上がっているという話を聞き、気になっていた彼は、早速最寄りのコンビニへ足を運ぶことにした。

寒い冬も終わり、少しずつ暖かくなってくる季節ではあったが、夜風はやはり少し肌寒い。それでも日頃の運動不足のことを考え、徒歩で向かっていた。家からコンビニまでは十分ほどの距離である。

コンビニへ入り、スイーツコーナーを覗き込む。そこには和菓子から洋菓子まで多様なスイーツが棚いっぱいに並んでいた。その中から定番であろうロールケーキを一つ取り、甘いものと合うようにとブラックコーヒーも一緒にレジを通した。

買い物を終えたアダチさんが、買ったばかりのスイーツを楽しみに家路を急いでいると……。

ぺちゃ、ぺちゃ、ぺちゃ。

アダチさんの背後を付いてくるように足音が聞こえてきた。それは、水気を含んでおり、素足のような音だったという。最初のうちは気にも留めていなかったのだが……。

ぺちゃ、ぺちゃ、ぺちゃ、ぺちゃ、ぺちゃ、ぺちゃっ。

コンビニから歩き始めて、もう五分以上経っているにもかかわらず、依然として足音は後ろから響いていた。

(後ろの奴、道いっしょすぎじゃね？　てかそういえば、足音おかしいし)

自分の後を付いてきていることを確信し、その行動や音を不審に思ったアダチさんは
思い切って後ろを振り返った。

そこには誰もいなかった。等間隔に設置された街灯が暗闇を明るく照らしている。壁際には打ち捨てられた自転車、電信柱に設置されたゴミ集積ネットの周りには空き缶やコンビニ弁当の空箱が散乱している。そして、片方だけになったボロボロの靴が転がっていた。

瞬時に隠れられそうな場所はなかった。しかも、アダチさんは後ろにいる者に予測されないよう、あえて突然振り向いたのである。

アダチさんは一気に背筋が冷たくなり、心臓の鼓動が高まっていくのを感じた。

とうとうこの状況に耐えきれなくなった彼は、一目散に走って帰宅した。走っている間は必死だったからか、逃げ切れたからか、その足音は聞こえてこなかったという。

息を切らしながら玄関扉を開け、急いで鍵を閉める。我が家に無事帰宅できたアダチさんが安心感からハァーという大きなため息をついた。その瞬間。

ぺちゃ、こつっ。

背後から、自分の存在感を誇示するかのような大きな足音が響いた。音からしてそいつはもう玄関に入ってきてしまっている。

恐る恐る振り向くと、今入ってきた玄関扉が見えた。視線を下へ向けると――。

そこには膝から下だけの足が二本立っていた。

青白く血色の悪い色をしており、藍色の血管が浮き上がっている。片方は傷だらけの素足、片方は道端に捨てられていたあのボロボロの靴を履いていた。

愕然とするアダチさんのすぐ真横をその足は通り過ぎ、リビングの方へ歩いて行った。

足はそれっきり、一切行方知れずだという。

大好き

三十代の女性シミズさんの家庭は、つい最近まで猫を飼っていた。その猫は昨年の三月に虹の橋を渡ってしまったのだが、その子について彼女がこんな不思議な話を聞かせてくれた。その猫は〝ミッチャン〟という名前で元々は野良猫であった。

シミズさんが中学生の頃に家族で外食に出掛けた時のことである。

車から降りるとシミズさんの元に一匹の三毛の仔猫が近付いてきた。ビー玉のようなクリっとした大きな目、野良とは思えない毛艶。

大きさからして生まれてまだ間もないようで、撫でようとすると仔猫は自ら体を擦り付けてきた。その人懐っこい仕草で一瞬のうちに虜になってしまったシミズさんは、どうしても連れて帰りたくなってしまった。両親にお願いしたがだめだとにべもない。それでも、どうしてもこの子を飼いたくて懇願した。

必死の説得の末、ようやく両親が折れてくれて、もし食べ終わってからもこの場所にまだいたら連れて帰っても良い、ということになった。

「ちゃんと待ってるんだよ」

そう優しく声を掛け、仔猫に背を向けた。

食事を済ませ車に戻ると、仔猫はさっきいた場所から微動だにしていなかった。シミズさんをずっと待っていたのだ。


連れて帰り、ミッチャンと名付けて可愛がった。

それから、彼女も大人になり、結婚をし、子供も生まれた。その間にミッチャンも当初の猫らしいすらっとした体形から、避妊手術の影響からかデブ猫へと変貌していった。いつも日の当たる定位置でゴロゴロするだけのミッチャンだったが、彼女が母親と喧嘩した時、失恋した時、悩みや不安など負の感情に押し潰されそうな時は、決まって傍に寄り添ってくれるのだ。まるまると大きく太った巨体を彼女の膝の上に乗せて喉を鳴らすこともあった。その行動に彼女は何度救われたことだろうか。

月日が経つのは早いもので、あっという間に彼女も三十代に差し掛かっていた。

ミッチャンも老猫になっていた。二世帯住宅だったために、ミッチャンの世話は母親と彼女の二人でしていたそうだ。

ミッチャンは歳のせいなのか、日に日に食欲がなくなってきているのが、手に取るように分かった。風船のようにまるまるとしていた体が少しずつ萎んでいくように細くなってきた。相当長く生きているのは間違いないが、もうそろそろ危ないであろうと、みんな覚悟はしていた。


そんなある夜、彼女は布団の上を歩く小さな重みと、猫が放つゴロゴロという独特な喉の音で目を覚ました。うっすら目を開けると、ミッチャンが胸の上から彼女のことを見下ろしていた。

寝ぼけた頭でミッチャンを撫でていると、透き通る水晶のような綺麗な声で、

「大好きだよ」

そう聞こえたかと思うと、彼女は再び眠りに落ちた。

朝、目を覚ましてリビングに行くと、ミッチャンは定位置の布団に包まり、眠るように冷たくなっていた。昨夜の声はミッチャンだったと確信した彼女は、冷たくなったミッチャンを抱きかかえ、その体に顔をうずめると、

「ありがとう、私も大好きだよ。生まれてきてくれて、家族になってくれてありがとう」と声をかけた。

生きている間にもっともっとたくさん伝えておけばよかったと、彼女の心中で後悔が渦巻いていた。そんな時、母親がリビングに姿を現した。

母親にミッチャンのことを伝えると、「やっぱりね」という返事が返ってきた。聞いてみると、母親も、昨夜寝ていると誰かに頭を撫でられて目が覚めたそうだ。目を開けるとミッチャンが母親の頭を撫でていたと。そして綺麗な声で「拾ってくれてありがとう」と伝えにきた。彼女同様に母親もすぐに眠ってしまい、気が付いたら朝になっていたそうだ。

普段涙など見せたことのなかった母の目には、大粒の涙が溜まり、彼女もつい一緒に泣いてしまった。二人で悲しみに更けていると、早朝だというのに家の階段を慌ただしく駆け下りる足音と共に姿を現したのはシミズさんの娘であった。そしてミッチャンを見るなり大声で泣き出したのだ。なんとなく二人とも察しはついていた。

「ミッチャンがね、夜中部屋に来てね、『大きくなったね、元気でね』って言いにきたのそれで……」

泣きながら話し出したのだ。

その後、起きてきた旦那も父親もミッチャンの声を聞いたと話した。家族の皆に最後の挨拶周りをしていたようだった。

シミズさんはミッチャンを、ペット火葬にしたが、ペット霊園に入れるかどうかはまだ検討中とのことであるそうだ。

「なんだか一人にするのは可哀想だから……」

そう言っていたので、おそらくこのまま、家族の傍にいることになるのだろう。

大親友

学生時代、サノヒロキさんには、大親友とお互いに言い合えるほどの友がいた。

コバヤシタツヤさん、通称タッチョンだ。親や兄弟よりも一緒にいるのではないかと思うくらい、常に一緒の時間を過ごしていたという。

サノさんの家とタッチョンの家は徒歩三分ほどの距離だった。朝は一緒に集団登校をし、帰りはいつも二人で帰ってきていた。帰宅したかと思うとすぐさま荷物を置き、日が落ちるまでタッチョンと遊ぶのだ。

「ヒロくーん。こっちこっち、早く来て。カナヘビ逃げちゃうって」

「もう走れないよ。タッチョン、待ってってってばー」

顔を真っ赤にし息を上げながら歩くサノさんに、半ば呆れた顔で大きく手招きをする。

「あーあ、逃げちゃった……でも、また探せばいっか！」

サノさんはタッチョンのこういうポジティブなところが大好きだった。

　タッチョンは何をするにも要領がよく、成績もスポーツもトップクラスでクラスの人気者。それに比べマイペースで地味なサノさん。似た者同士が親友になりやすいとよく言うが、彼らは決してそうではなく、むしろ正反対であった。足りない部分を補い合い、逆に相性がよかったのだろう。

　夏休みにはお互いの親が同伴し、海へ遊びに行くこともあったという。小学生時代の思い出や写真はほとんどタッチョンとのもので埋め尽くされていた。

　中学校へと進むと、不幸にもクラスが別々になってしまった。別の小学校から来た新しい友達との交流、小学校時代とは段違いに難しい勉強、やたらと厳しい部活と先輩の相手、諸々に追われる日々が続いた。

　次第にタッチョンからの遊びの誘いに応えることができなくなっていく。そのうえ、部活の朝練で登校時間すらも合わず、学校ですれ違った時に挨拶をする程度の付き合いとなってしまった。

　そんなタッチョンとの付き合いにも、転機となる出来事がやってきた。

　三年への進級と共に、やっと同じクラスになれたのだ。最初は少しよそよそしく接してしまったが、すぐに元通りの仲に、いや元以上の仲良しとなっていった。あまり遊べなかった二年間を埋めるかのように、ずっと一緒に過ごした。

この時期になると、学生にとっての一大イベントである〝修学旅行〟が待ち遠しくなっていた。

毎年学年でアンケートを取り、どこへ行くのかを決めるのだが、この年は東京に決定した。一日目と二日目は東京観光、三日目は静岡や山梨の富士山付近の観光をし、バスで帰ることになっていた。行動班はもちろんタッチョンと一緒である。あとは女子二人が一緒だった。

念願の修学旅行当日、新幹線に乗るとすぐさま、持ってきたお菓子を開け、これから待つ煌びやかな観光地に胸を膨らませていた。

東京観光は思っていたよりも、目まぐるしかった。人がわんさか、溢れかえっていたのだ。東京タワー、浅草観光、某テーマパークで閉園まで遊びつくした。夜は都内のホテルに泊まった。

「ヒロキ、すぐ寝るんもったないから一緒に起きとこうや！」

お互いにそう思ってはいたが、昼間はしゃぎ過ぎたこともあり、結局布団に入ると死んだように眠りについた。

三日目は朝から富士五湖の河口湖で自然豊かな景色と澄んだ空気を堪能した。

次の目的地へ着くと、ガイドさんが説明を始める。

「ここは漢字で氷の穴と書いて〝ひょうけつ〟と言い、富士山の噴火によってできた洞窟なんですよ。中は一年中、氷ができるぐらい低い温度を保っているので、昔の人は氷の貯蔵庫に使ったり冷蔵庫として使っ……」

ガイドさんの説明をよそに、タッチョンは明後日の方向を見ていた。気になり声を掛けるが反応がない。瞬きするのを忘れているほど、食い入るように一点を見つめていた。

何度目かの問いかけでようやく気が付いたのか、勢いよくこちらを向いた。その顔は混乱ともとれる表情を浮かべながら言った。

「あそこに変な人おるんやけど……」

指差す先は、氷穴の横に広がる森だった。そこには当然、誰の姿もない。境界線かのように、生い茂る木々が日光を遮断しており、昼間だというのに不気味な雰囲気を醸し出していた。そんな所に人がいるのだろうかと疑問に思ってしまうほどだ。

「どこどこ？　誰もおらへんけど？」

「え？　おるやん！　今もそこの木のはしから見てるって……」

「どこや、それってどんな人なん？」

タッチョンいわく、長い黒髪を腰まで垂らした女性だという。その女がこちらに手招きをしてくる。ニタニタと笑っている女の表情が気持ち悪くて気持ち悪くて仕方がないという。それを聞いたサノさんは内心怖くて仕方がなかった。

サノさんの場所からは見えないだけなのか、それとも彼のいつもの悪ふざけなのか、どちらなのか分からなくなっていた。

同班の女子に聞いてみるが、見えないという答えが返ってくる。

その後も、タッチョンはことあるごとに森を見ては、何かを考えている様子だった。それも氷穴から離れると、まるで何もなかったようにいつもの彼に戻っていた。


修学旅行が終わり、連休を挟んだ後に登校日となった。教室で旅行の話に花を咲かせるのを心待ちにしながら、歩き慣れた通学路を進む。道路を挟んだ向こうには、前を歩くタッチョンがいた。

だが、その姿を目が捉えた瞬間、いつもと何ら変わりのない姿にもかかわらず、いつもとは違うような、奇妙な感覚に陥った。これは直感としか言い表せない。困惑しながらも声を掛けようか迷っていると、急に立ち止まった。サノさんもつられて足が止まる。グググググッとこちらにゆっくり振り向いたタッチョンは、ニターッと異様なほどの笑みを浮かべていた。

「はやく、こっち、こっち、コっち、コッチ」

サノさんのことを呼び、手招きをしている。

なぜかその光景が幼少期よく遊んだ時のタッチョンと重なって見える。呆気にとられながらも僅かながら恐怖が芽生えた。

だが、段々とタッチョンのことが心配になり、急いで向かおうと横断歩道に一歩足を踏み出した瞬間。サノさんの目と鼻の先を何かが掠めた。同時に耳を塞ぎたくなるようなブレーキ音が周囲に響く。

反射的に後ろに倒れてしまい、尻餅をついてしまった。車に轢かれかけたことを理解するのに時間は掛からなかった。サノさんは車が来ていることや、音にまったく気が付かなかったのだ。

あと一歩でも足を進めていたら……と考えると恐ろしく怖かった。少し落ち着きを取り戻したサノさんはタッチョンのことを思い出し、辺りを見渡すが、そこにはもう姿はなかった。

ふざけていたとはいえ、大事《おおごと》になりかけたので逃げたな。

そう思い、後を追うようにサノさんも学校に向かった。だが、まだ来ていないのか、どこにもタッチョンの姿が見つからない。机に腰を掛け、来るのを待っていると、先に先生が入ってきた。ホームルームを始めるにはまだ早い時間だ。担任は皆を席に着かせ一言ずつ噛みしめるように口を開いた。

「コバヤシタツヤくんが亡くなった」

全校集会がある。葬式、通夜に参列する。と話していたようだが、サノさんはショックで断片的にしか覚えていないという。

（ついさっきタッチョンを見たばかりだ、何かの間違いだ。おかしい、絶対に生きてる）

さっきのことといい、先生の言葉といい、サノさんの頭の中はもうグチャグチャで、思考が停止寸前だった。とにかく今すぐにでも、自分の目で確認を取りたかった。帰ってすぐにタッチョンの家を訪れた。

彼の父親がサノさんの対応をした。母親はショックで気が滅入っているらしく、目も当てられない状態だと聞かされた。父親の話では学校に行く前日の朝、起きてこない息子を母親が起こしに行くと、既に部屋で首を吊って死んでいたそうだ。

悩んでいる様子もなかったし、遺書もないため、なぜ自殺したのか誰にも分からないと。

それから月日が経ち、サノさんも大人になった。

タッチョンの家は、あの後両親が離婚し、母親だけがあの家で一人暮らしている。サノさんは県外の大学に進んだため、彼の家がどうなっているか、詳細は知らなかった。

ある時、心霊番組を見ていると、見覚えのある場所が映っていた。そこは、あの氷穴だ。詳しくは、その横の森だった。テロップには〝青木ヶ原樹海〟と書いてあった。

その時、やっと理解できた。タッチョンがなぜ死んだのか。

樹海にいた女がタッチョンを連れて行ったのだと。そして一人は寂しいからと、親友である僕を連れていこうとしたのだと。

それがわかると、なんだか無性にタッチョンに会いたくなった。

そう思い立つと、行動は早かった。実家に帰り、久しぶりにタッチョンの家を訪ねた。インターホンを押すと、昔の面影などほとんどない、やつれた彼の母親が出てきた。

「どうも、お久しぶりです」

そう声を掛ける寸前に、母親はサノさんに掴みかかった。

「あんたのせいで、あんたのせいで、あの子は死んだんだ！　お前が死ねばよかったのに、なんで、あの子が死ななきゃならないんだ！　あの子はいっつもお前を馬鹿にしてたんだ。要領も悪い馬鹿だって。そんなお前が死ねばよかったんだ！　なんであの子が……」

激しく怒鳴り散らされた。手を離そうにも物凄い力で掴まれている。

騒ぎを聞きつけた近所の人がどうにかして引き離してくれた。

この時、サノさんの中ですべてが繋がったという。あの時タッチョンは、いつも見下していたサノさんを道連れにしようと、彼の前に現れたのだ。

それからサノさんは、人を信じることを一切やめてしまった。

動くお椀

ニシムラさんはある時から、とても些細な怪異に遭遇していた。

その怪異とは、机の上に置いた味噌汁のお椀が独りでに十数センチメートルほど動くというものである。この部屋に引っ越してからすぐに起こったというわけではなく、数年住んでからの出来事だった。

そして、それは前触れもなく突然起きたのだ。


テレビ番組で味噌汁を毎日飲むと肌や髪が綺麗になるという話を聞いたニシムラさんは、毎日インスタントでも、自分で作るものでも、なんでも良いので必ず味噌汁を飲むようにしていた。

ある日、ご飯を食べていると目の前に置いた味噌汁のお椀がスーッとスライドするように動いた。ニシムラさんは食卓でよく見かけるこの移動現象の原理を知っていたがゆえに首を傾げた。

味噌汁の移動現象はお椀と机との接地面が濡れていることにより、お椀の底の空間が完全に密閉され、密閉された空気が味噌汁の熱により温められ膨張することで、お椀をわずかに浮かせ滑らせているのである。

つまり、お椀か机のどちらかが濡れていないと動かないはずなのだ。

しかし、この時どちらもしっかりと乾いているのを確認していた。ただ、味噌汁が勝手に移動する以外は不審なこともなかったため、不思議だなぁとは思いつつも、さほど気にはならなかった。

それから後、ほぼ毎日起こるこの怪異に、逆にニシムラさんは親しみを持たすためなのか、「お椀がスーッと動く現象」というそのままの名前を付けていた。

この日は夕方から激しい雷雨が吹き付けていた。いつものように晩御飯を食べようと手を合わせると。

急にパッと目の前が真っ暗になった。雷のせいで停電になってしまったようだ。窓から外の町の光も入ってこないことを見ると、地域一帯が停電しているようである。

下手に動いて躓《つまず》いたりしてもまずいと思った彼女は、しばらく食卓の前でじっと復旧を待っていた。

次第に目が慣れてきたのか、ニシムラさんの前方、食卓の上に黒っぽい布が垂れ下がっているのがうっすらと見えた。この布は一体なんなのかと視線を上へ向けた。スーツ姿の中年男性が虚ろな目で見下ろしている。手足はだらしなく垂れ下がり、その首にはベルトのようなものが巻かれ、天井からぶら下がっている。

ニシムラさんはその光景を見て、恐怖に慄き硬直した。

その時、スーッと味噌汁のお椀がいつものように動いた。お椀の中にはその男の足先が浸かり、ゆらゆらと揺れていた。

心霊スポット巡り

05 秋田県 田沢湖

秋田県仙北市にある湖の心霊スポットである。東北地方以外の方々にはあまり馴染みのない場所かもしれないが、観光スポットとしても心霊スポットとしても東北民から絶大なる知名度を誇っている。

ほぼ円形の周囲約二十キロメートルのカルデラ湖で、実はこの田沢湖、何を隠そう日本一深い湖なのだ。最深部は四二三・四メートルという途轍もない深さで、その深さゆえに多岐に渡り怪しい噂が囁かれている。

遊泳中の溺死や入水自殺が度々起きていると噂され、その水深の深さから遺体はなかなか見つからないと言われている。湖を一周すると水中に引きずりこもうとする霊がいるとか、なぜか、湖面を背泳ぎをする男性の霊が目撃されているという。
これは人怖的な要素を含む話になってしまうが、反社会的勢力が死体に石などを縛り付け、田沢湖に遺棄しているという噂も囁かれている。さらには田沢湖に潜む謎の大型水棲生物タッシーの噂や、湖周には馬が度々行方不明になったとされるかっぱ淵の松、龍神伝説が残るたつこ像などがある。心霊、人怖、UMA、妖怪、民俗学など様々なオカルト的要素が含まれているのでマニアは行って損はないだろう。

※内容はあくまでも根拠のない噂です

念

ツジさんが保育園児の頃に体験した話。

幼かったツジさんは一階の和室を寝室にして、両親と一緒に寝ていた。

しかし、いつも一緒に寝床に入ってくれるというわけではなかった。両親が家事やら用事やらで忙しい日がある。そういう日は両親が寝室に来るまでの間、真っ暗な部屋の中で何をするでもなく親を待つのだ。

待っている間にそのまま寝てしまうこともあったが、寝つきの悪かった彼は、天井の中にぼんやりと光る常夜灯を見つめたまま、感覚的に数時間、退屈な時を過ごしていた。

何もすることもなく、なかなか朝にならないこの時間が嫌いで嫌いで仕方がなかった。かといっておもちゃで遊ぼうものなら、両親の雷が落ちる。

その日も両親は用事で立て込んでおり、なかなか寝室に入ってこなかった。

ぼーっと布団にくるまりながら、当時流行っていたアニメを頭の中で想像しながら遊ぶ。ずいぶんと時間が経ったとき、寒さのせいか尿意を催した。一人でトイレに行こうとも思ったが、寝室から勝手に出たら怒られるかもしれない、という考えが浮かび行けなかった。

時間の経過とともに、我慢ができないほど尿意が強くなってくる。

(もう、我慢ができない)

そう決心し、ゆっくりゆっくりと寝室の襖を開ける。ヒンヤリと冷たい廊下を忍び足で進んで行き、バレることなくトイレへと入った。用を済ませ、安堵した彼は、先ほどの寝室へ戻り、退屈な時間を過ごすのがたいそう嫌になった。そして、何を思ったのか、

(はやく朝になーれ、さっさと朝になればいいのに!)

便座に座ったまま目を瞑り、頭の中で強く強く念じたという。

すると次の瞬間。目を瞑っていても眩しいほどの光が入ってきた。

(なんだろう?)

そう思い、パッと目を開けると、そこは窓から差す朝日に照らされた寝室であった。

いつの間にか布団にくるまって、朝を迎えていたのだ。

その時は夢を見ていたのか、と思ったそうだが……。

次の日、また試してみようとトイレの便座に座り、強く強く念じた。朝、目を覚ます瞬間をイメージする。すると、目を開けると寝室の布団にくるまり、朝になっていた。

当時は不思議なことが起きているというより、ゲームの裏技を見つけたような感覚だったそうだ。

そうやって、来る日も来る日も、寝るまでの退屈な時間をこの方法でやり過ごしていた。だが、小学校に上がってからは、どれだけ念じても何も起こらなくなってしまったという。

高校生になった彼は、この時のことを思い返し、（そんなことがありえるのか？）と不思議に思った。一度や二度であれば、夢と現実がごっちゃになっているだけ、で済ませられる。だが、そうではない。もしかするとトイレで念じているうちに寝てしまって、親が運んでくれた可能性も……。

そう思い尋ねてみることにした。

「なぁ、お母さん、保育園の時やねんけど、こういうことがあってさ、俺ってトイレで寝てたりしたことってある?」

母は怪訝な表情で返した。

「なんなんその話、トイレで寝てたことなんか一回もないで」

トイレから無意識に移動していたのか、時間と場所を超越していたのか、ただ同じ夢を何度も見ていただけなのか。それは未だに分からない。

涜神行為の代償

「実際にあった出来事なんですけど、自分の配信ではさすがに使えないので……」

とコンドウさんという三十代の男性が、私に怪談を提供してくれた。

彼はＳＮＳや動画配信サイトで怪談師として活動し人気を博している。幼少期から霊感がとても強いらしく、この世ならざる者が見えるだけではなく、自分の知り合いが困っていたら無償でお祓いなどもしているそうだ。

五年前のある日、コンドウさんの元に三人の男友達が訪ねてきた。見ると、皆真っ青な顔をして、そわそわと落ち着きがない。普段は底抜けに明るい友人達だけに、ただならぬ状況だとすぐに理解した。とりあえず家に招き入れ、三人を目の前に座らせると、何があったのか詳しく話を聞くことにしたという。

彼らの話はこうである。

数日前、皆で山梨県のとある山へ登山に行った。

「山の景色が見たい、綺麗な空気が吸いたい！」

三人は都会育ちだったこともあり、自然環境を満喫したかったのだ。

山の麓に車を駐車させ、登山バッグを持つ。登山道を登り始めたのは昼前だった。季節は暑い夏の真っ只中。丸太で土をせき止めて作られた簡易的な階段を縦一列になって、頂上へ向かって歩いていた。木々の間からは優しい光が漏れ、小川のせせらぎや鳥のさえずりに彼らは癒されていた。

どれほど歩いた頃だろうか、先頭の友人が突然、「あっ」と呟いた。道の先に何かを発見したのだ。

近付いていくと、その正体が分かった。鳥居だ。形はなんとか保っているものの、苔むしており、いつ倒壊してもおかしくないほど傾いている。

「うつわー、めっちゃ雰囲気あんじゃん」

入り口には石でできた小さな手水があり、枯れ葉と雨水が底に溜まっている。奥に祠もあった。屋根は雨風で腐食し、扉の片方がガタリと外れかけている。

そこは、廃神社だったのだ。

「こえー、なんかお化けとか出そうじゃね？」

茶化すように一人が言った。三人はオカルトの類を一切信じていなかった。

ふざけ半分のつもりだろうが、一人が、

「なぁなぁ、ここで立ちションしたら、天罰ってあんのかな？」

そう笑いながら用を足した。ふと、足元を見ると、そこにはびしょ濡れになった石碑が倒れていた。

その瞬間、鬱蒼と生い茂る山の木々が風もなくザワザワと揺れだし、ピンと張りつめたような冷たい空気に変わった。同時に自分達だけがその空間にポツンと取り残されたような感覚に陥ったという。

神社を囲むように、バキバキバキッと木々を踏みしめる無数の足音が聞こえてくる。

木々に目を凝らし、音の正体を探す。そこには誰もいない。

だが、確実に一人、二人、三人……いや、何十何百の視線が自分達に注がれているのを感じた。三人は恐ろしくなり、一斉に転げ落ちるように道を下った。

心地よく感じていた鳥のさえずりさえ、敵意を剥き出しにするかのように「ギャア、ギャア」と耳のすぐそばから響いた。

やっとの思いで車に着き、急いでエンジンをかけ、彼らは安堵した。しかし、車を走らせている最中も、その視線は逸らされることはなく、それからもずっと誰かに見られている気配がするのだという。

そして、お祓いが得意と有名であったコンドウさんの元へ相談しにきたのだ。

コンドウさんは話を聞き終え、改めて彼らの背後に憑いているものを見ると、到底これは手には負えないと確信した。

「力になりたいのはやまやまなんだが、これは僕には祓えない。申し訳ないが帰ってくれないか、本当にすまない。自分より力のある先生を教えるから、その人を当たってほしい」

そう言い、やむを得ず三人を帰らせたという。

私はコンドウさんにいくつか質問した。

「三人はその後どうなってしまったんでしょうか？」

帰ってきた答えは凄惨なものだった。

一人はその後、ガードレールに追突する交通事故を起こした。車は廃車になり、乗っていた彼は生死の境を彷徨うほどの怪我を負ったという。もう一人は精神的におかしくなった。昼間でもカーテンを閉め切り、隙間という隙間を塞ぎ、家に引き籠っては「奴らが来る、連れていかれる……」というような状態なのだという。最後の一人に関しては今も連絡が取れないのだという。

私は、しばし絶句し、また気になる質問をぶつけた。

「三人には、一体どんな霊が憑いていたんですか?」

「僕にも分からないんです。というより分かりたくもない。人とかそういう次元のものじゃなくて、ただただ恐ろしくて……。自分じゃ、とても祓えないっていうのが分かったんです」

それが一体なんだったのかは、今でも分からない。ただ一つ確かなのは、

「人が決して抗えない罰。神罰が本当に存在する」

ということだ。そうコンドウさんは語ってくれた。

琵琶湖での体験談

今から二十年以上前の夏の日のことだと、ヤマダさんは話してくれた。

当時ヤマダさんは二十歳で、調理師専門学校を卒業後、滋賀県のとある和風料理屋で料理人見習いとして働いていたそうだ。

その和食店は琵琶湖の湖岸近くにあり、豪華ではないがどこか懐かしい侘び寂びを感じさせる日本家屋。創業〇〇年と昔から続く老舗であったため、当然料理や接客に対してかなり厳しい指導だったそうだ。

初めのうちは掃除や雑務以外、何もさせてもらえなかった。先輩を見て技術を盗め、ひたすら腕を磨けと言われるのみ。今ではそんなことは珍しいだろうが、当時はまだ昭和の職人気質な名残が残っていた。それでもヤマダさんは念願であった和食料理屋で働いているという嬉しさもあってか一生懸命仕事をし、遂に料理の下準備をさせて貰えるようになった頃のこと。

八月のお盆の時期、その日も店は宴会の予約でいっぱいで、休憩する間もなく忙しかった。それほど大きな店ではなかったが、時期も時期ということもあり一日の組数がなんせ多いのだ。出来上がった会席料理の盛り付けも一つずつ丁寧に施していく。集中していると時間が経つのも早いもので、すぐに営業終了時刻となっていた。

いつもであれば、店が終わっても次の日の仕込みなどでほとんど一服する暇もないのだが、この日は違っていた。翌日は一日だけ店がお盆休みになるということもあり、誰が言い出したのか息抜きがてら、琵琶湖に散歩に行こうという声が上がった。

店を出て横断歩道を渡って、湖岸道路沿いを十分ほど歩けば琵琶湖があり、そばには小さな公園もある。考えてみると毎日仕事に追われる日々で、夏らしいことは何もしていない。料理長がコンビニで花火を買ってきており、これをしようということになった。

スタッフ六、七人で琵琶湖へ向かう。皆で今日のお客さんがどうだったとか、他愛もない会話をしながら歩いていると。

タッタッタッタ……

後ろから大人の自分たちよりも小さな足音が聞こえてくる。何気なく後ろを振り返ると、そこには四、五歳くらいと思われる女の子がニコニコしながら自分たちの後ろをついてきている。黒髪のおさげ、グレーのワンピース姿である。

この近くには何軒か家があるが、どれも少し離れている。かろうじてある街灯も、ポツポツとしかなく非常に頼りないものであったという。なぜこんな時間に少女が？と不思議に思った矢先、料理長も気が付いたのか、

「お嬢ちゃん、こんな時間に何してるん？」

そう優しく声を掛けていた。

「一人で遊んでるの」

少女は明るい元気な声で答えた。

店を閉めたのは午後十時、いまや十一時にもなろうという時間だ。子供が一人で遊んでいる時間ではないのは確かであった。警察を呼ぶまでもないと考えたが、そのままにしておくのも心配だった、そこで、

「でも、もう遅いし帰らなあかんなぁ。家はどこや？　おっちゃんたちが送ってってたろ」

料理長のこの言葉で、女の子を家まで送ろうということになった。きっと親も心配しているだろう。

女の子は白く小さな手で料理長の手を必死に引っ張り、家の方へ案内してくれる。ただ、あるところまで来たときに、

「おじちゃんたちありがとう。もうここで大丈夫」

その言葉に皆が驚いた。なぜなら女の子が言ったのは自分たちの店の前だ。本当にここでいいのか？　と何回も聞き直したが、いいと言うのでその場で別れることになった。

再び、皆で琵琶湖に向かいながら、

「あの女の子ちょっと変わった子やったなぁ」

「私、幽霊かと思ったけど、しっかり人間やったからよかったわぁ」

などと女の子の話をしていた時だ。何か……また音がする。背後からクスクスと必死に笑いを堪えるような声と聞き覚えのある小さな足音。音の方を見ると。

「いる、いる、いる、さっきの女の子！」

本人は隠れているつもりなのか、物陰からゆっくりゆっくりと近付いてきている。

この時、おそらく皆が異変に気が付いていた、けれども誰も反応しなかった。

女の子がいる場所は、街灯もまったくない田んぼ道。子供の優れた視力でも懐中電灯

なしでは歩くこともできないはずなのに、平然と歩いている。先ほどまで賑やかに話していたのが嘘かのように皆押し黙り、静寂に包まれた。

そのまま無視をしていると、その子はいつの間にか忽然《こつぜん》と姿を消していた。

琵琶湖の砂浜に着くと、端の方には供えられたばかりだと思われる綺麗な花束と女児向けの玩具付きお菓子が置いてあった。

琵琶湖ではよく人が死ぬ。あの子ももしかすると、そのうちの一人なのかとヤマダさんは思った。

小さいのに可哀想やなと誰となく言うと、皆で手を合わせ女の子の冥福を祈った。

そして、線香を手向けるかのように花火をしてから帰ったそうである。

それからも毎年お盆の時期に、琵琶湖で湖水浴客が溺死するというニュースを見ては、ヤマダさんはあの子のことを思い出して手を合わせてしまうと話してくれた。

ただ、なぜ少女がお店の前で「ここで大丈夫」と言ったのかは今も不明だという。

琵琶湖は日本一大きい湖だ。それと同時に日本一古い湖でもある。

歴史を遡《さかのぼ》ると多くの合戦が行われ数え切れないほどの血が琵琶湖へと流れてきた。近年でも水難事故、自殺、落下事故、死体遺棄など死が多く付き纏う場所であるのは間違いない。

滋賀県民の間では、お盆の時期には琵琶湖に絶対に近付いてはいけないという、暗黙の了解があるのだという。

夜のドライブ

土曜日の夜、一週間の仕事の疲れを忘れようと、当時付き合っていた彼女とドライブに出掛けた。

タジマさんは大の車好きで、昔から某走り屋の漫画やゲームセンターにあるレースゲームにもハマっていた。だが、いざ車を買うとなると、スポーツカーを買うほどの金銭的余裕はない。そのため中古の軽自動車に乗っていた。

この日は、普段はあまり行かない、とある峠に行くことにした。そこは某走り屋の漫画に登場する聖地でもあるが、巷では心霊スポットとも言われているようなところ。タジマさん自身は、霊が出るとか、ほとんど信じていなかったという。

さっそく彼女を助手席に乗せ、勢いよくアクセルを踏む。埼玉の都市部からは一時間弱かかるが、途中でコンビニに寄り道をしながら車を走らせていった。

都会の煌びやかな街並みから、次第に月明かりだけがぼんやりと照らす、暗い山道へと景色が変貌していく。

車内では好きな漫画の話を熱弁するが、彼女は興味なさげに返事をしつつ、スマホを弄っていた。

しばらく、車を進めていると、道路中央の白線が薄くなり、代わりに無数のタイヤ痕が刻まれる場所に出てきた。彼はそれを見ると、早く憧れの車を買って自分も峠を攻めてみたい、という気持ちが沸々と湧いたという。

さらに走り続ける。しかし、結構な距離を走っているのに一向に峠を抜けることができない。この峠は一本道で分岐などなかったはず。途中に喫茶店が一つあるだけの簡単な道のりなのだ。

「あれ？　どっかで道間違えたっぽい？」

意見を聞こうと話しかけるも、彼女は眠ってしまったようで返事をくれない。

（やっぱりおかしい！）

違和感は確信へと変わった。

先ほどからずっと同じ場所を周っているのだ。ガードレール近くにある木に、何かの目印なのかピンクや黄色の紐が括られている。それが幾度となく繰り返し、目に付く。

車が来る気配がないので、一度道の脇に停車し、確かめようと外に出た。辺りは静寂と闇に包まれ、自分だけが別世界にいるかのようだった。

紐の木の傍には、小さな墓石のようなものがあった。タジマさんはそれを見て目を離せなくなった。そして、なぜ、そんなことをしたのか分からない。石の前にしゃがむと、目をつむり、手を合わせた。

数秒ほど手を合わせ、顔を上げた瞬間。地面から白いものがタジマさんに向かって伸びてきた。暗くてはっきりとは分からなかったが、タジマさん目掛けて何本も何本もそれが伸びてくる。悲鳴を上げ一目散に車に飛び乗った。

彼が見たのは、腕だった。地面から青白い腕が何本も生えてきていたのだ。

車に乗り込むと、彼女が助手席で泣きながら話し出す。

「ずっと金縛りになってて動けなかったの、何も喋れなくて。そしたら、急にあなたが外に出て行って、金縛りが解けて、でもとっても悲しくなって涙が止まらなくなったの」

とにかくこの場所から一刻も早く逃げ出したくて、フルアクセルで走り出した。

少し走ると喫茶店が見えてきた。数台の走り屋らしき車と運転手が駄弁っていた。

窓を開けて、外の空気を吸った時に気が付いた。静寂に包まれていたはずの外では、車のエンジン音、車のスピーカーから流れる重低音楽が峠中に響き渡っていた。

「僕が手を合わさなかったら……一体どうなっていたんでしょうか。不思議な体験は後にも先にもこれだけです」

この一件以降、あれだけ好きだった走り屋には次第に興味を失くしていった。

その後、彼女と結婚し、二人の子宝にも恵まれた。今はオフロード車にハマっているのだという。

幼少期の記憶

「子供の頃の記憶って朧気で不確かですけど、不思議とはっきり残ってる記憶ってありますよね。それも、親ですら覚えてないような小さなことなのに……」

三十代主婦のミヤケさんが語ってくれた。

私、記憶力には結構自信があるんです。

幼かった時のことで、親でも忘れているような、些細なことだったりを、鮮明に覚えてて。

でも、親も同じように覚えている記憶で、内容もお互いほとんど一致してるのに、少しだけ記憶が食い違ってるっていうことありません？

私が幼稚園の年長さんの時なんですけど。私には年子の弟がいるんです。

いつも二人で幼稚園バスに乗って、行ってたんですけどね。

近くのアパートに、同じ幼稚園に通ってる家庭が二つあって。

そのアパートの前が、バスの集合場所になってたから、私と弟を含めた子ども五人と親三人で毎朝、バスを待ってました。

隣にはちょっとした広さの空き地があって、バスが来るまでの遊び場みたいになってたんですよ。

空き地に知らない女の子がよく一人でいたので、自然とその子も含めて、子供六人で駆けまわったりして遊んでました。

好奇心旺盛な私は、きっと近所の子供なんだと思って、気にもしてなかったんですけどね。

同い年くらいのその子は、白っぽいTシャツ着て、腕の裾にチェック柄が入っている服でした。グレーのズボンを穿いて、髪の毛は肩ぐらいのミディアムで目がクリクリの可愛らしい子でね。

今思うと一緒のバスに乗っていなかったので、幼稚園の友達ではなかったみたいです。

卒園してからは、朝起きる時間も変わっちゃったし、空き地で遊ぶこともなくなったので、会うことがなくなっちゃったんですけど。

ただ、以前に、母と思い出話をしていて。

あの女の子はどうしているのかな？　って何の気なしに聞いてみたんですよ。

「あの女の子？　そんな子いたっけ？」って母は首をひねっちゃって。

他の子供のことは名前までしっかりと覚えてるし、幼稚園バスを待っていた時のことも覚えているんですよ？

でも、その女の子のことだけは覚えていない、そんな子はいなかったって。

私はあの子のことを、顔の特徴から仕草まで、今でもはっきり覚えているんですけど……。

その子と一度も言葉を交わした記憶がないことに気が付いたんです。他の子とも遊んでいたように感じてたんですけど、どうも違ってたようで。あの子が話をしてる姿を見たことがないんですよ。

それに、年中いっつも同じ服装だったんですよね。

服もズボンも靴も髪型まで……。

心霊スポット巡り

06

山形県 滝不動

山形県上山市にある滝の心霊スポットである。滝不動明王とも呼ばれる。

滝つぼに刀剣類がお供えされており、その刀剣に触れたり、持って帰ったりしてしまうと呪われるという噂で山形県トップの知名度を誇っていた。実際に持って帰った人がバイク事故に遭い、亡くなったという噂がまことしやかに囁かれている。

この場所は元々処刑場跡だと言われていることから、まるっきり、コミックの『地獄先生

ぬ～べ～』に出てきた「はたもんば」とそっくりである。
しかし「呪いの刀剣」という、字面からしてロマンあふれる代物が野晒しで置かれていて無事であるはずもなく……私が探索へ向かった二〇一五年の段階で刀剣類は跡形もなく消えていた。幼少期からこの場所へ行ったら呪いの刀剣を振り回したいと思っていた私にとって非常に残念であった。一度でもお目にかかりたかった。
ちなみにこの記事を書くうえで現況を調べてみると滝不動自体が完全封鎖されてしまったようで、さらに残念に思った。廃墟系心霊スポットや旧トンネル系心霊スポットの封鎖はよくあるのだが、まさか滝不動まで封鎖されてしまうとは。

 ※内容はあくまでも根拠のない噂です

老人ホーム

カネコさんが老人ホームで働きだしたのは、三十を過ぎた頃だ。

彼女は元々、専業主婦をしていたが、実の父親が若年性のアルツハイマーになってしまった。いわゆる認知症というやつだ。母親は足腰が悪いため介護はできない。

そのため、ずっと彼女が介護をしていた。ただ、介護の甲斐なく、まもなく父親は癌でこの世を去ってしまった。

それを期に彼女は介護の道に進んだという。父親の介護で得た知識を何かに活かせないかと考えてのことだった。

働き始めると覚えることが沢山あった。介護は慣れているが実際に施設で働くと、分からないことが多い。カネコさんには先輩介護士が一人就くことになった。

初日に簡単な建物の設備、日常業務と利用者へのあいさつ周りをしていた時だ。

廊下を歩いていると、前から一人のお婆さんが灰色のシルバーカーを引いて近付いてきた。手元には可愛いクマのキーホルダーが付いている。

「あら、新人さん？　初めまして」

お婆さんの方から話しかけてくれた。

笑顔が可愛らしい、小柄な方で薄紫のパジャマがよく似合っていた。春先ということもあり、肩にはカーディガンを羽織っている。

「初めまして。ついこの間入ったばかりのカネコと申します。至らない所ばかりですが、これからよろしくお願いします」

「私はトキコです。元気がいいのね。これから大変だと思うけど、がんばってね」

軽い挨拶を済ますと、にこやかな笑顔でまた歩いていった。

トキコさんが引いているシルバーカーのクマが、手を振っているかのように揺れ動いている。

優しくとても感じの良い人だったことに、彼女は安堵した。正直、利用者の老人が曲者揃いだとどうしよう、と不安であったのだ。今のトキコさんを見て、そうではないことが分かり、頑張ろうと思えたのである。

先に進んで待っていた先輩が、ジーっとこちらを向いて立っていることに気が付いた。

（話し過ぎたかも、ヤバい早くしなきゃ！）

先輩に小走りで駆け寄ると、何か言いたげに彼女の顔を見ている。

「今、何喋ってたの？」

聞かれた彼女は、トキコさんに挨拶していたことを伝えた。すると、先輩はなんだか納得のいった表情に変わった。

「あぁー、もしかしてカネコさんって見える人？」

「え？」

「トキコさんね、一週間前に老衰で亡くなっているのよ。だから、あなたがトキコさんを知っているなんてありえないのよね……。」

確認のため、トキコさんの特徴や、シルバーカーにクマのキーホルダーが付いていたかを聞くと。

「それ完全に見えてるわね……」

と苦笑いをされてしまった。

トキコさんを見たのはその一度きりだったが、それから彼女が退職するまで何人も亡くなった方と話をしたそうだ。

ただ、一番会いたいと思っている父親には、まだ会えていないという。

絵日記

「これ、動物園に行った時のお土産《みやげ》、良かったらどうぞ」

クボタさんに渡されたのは、とある動物園のクッキーだった。

ここ最近、ママ友のミキさんは、よくお土産を持ってくる。

先週は水族館のものだった。

「最近どうしたの？　いろいろ、行ってるみたいだけど」

「実はね……」とミキさんは、教えてくれた。

最近、長男が絵日記にハマっているという。学校で宿題として出された時に楽しくなり、ねだるので買ってあげたのだ。それから、ずっと夢中になって絵日記を書いている。

最近では書くネタが無くなってしまったのか、その日にあったことではなく、未来の日付を書き出したという。

「それで、絵日記通りに行動をしているってことね」

そんなに出かけられる余裕があることが羨ましく思えた。

「その日記がこれなの、今日は家で寿司パーティーなんだって。今からその材料を買いに行くところなのよ」

嬉々として日記を見せてくれた。

たしかに凄い量の日記の数だった。つい最近買ったのだろう、表紙はまだ新しい。ペラペラとめくり、すぐに彼女に日記を返した。

「じゃあ、またね〜」

買い物に行くミキさんの後ろ姿を黙って見送った。

クボタさんは背筋にスーッと冷たいものを感じていた。

ミキさんはきっと知らない。

空欄続きのノートの最後に、日付が書かれていない日記があることを。

クボタさんは今しがた脳裏に焼き付いたものを、必死に忘れようと努めていた。

黒い服を着た大勢の人々、沢山の花、四角形の黒い縁に囲まれた女性——。

拙い絵ながらも、その様子はまるで葬式の光景のようであったという。

火事

　五十代会社員のシマダさんは、健康のために毎朝ランニングをするのを日課としている。出勤前の朝早い時間、三十分程度のランニングコースを走っているのだという。

　その朝も、普段通りのランニングコースをシマダさんが気持ちよく走っていると、河川敷沿いの住宅街の方面から、どす黒い煙がモクモクとあがっているのが視界に入った。庭で野焼きでもしているのだろうか、とも思ったが、煙の量が尋常ではない。

　シマダさんは何かよからぬものを感じつつ、煙の流れてくる方へと近付いていった。

　その先には炎と黒煙に包まれた一軒の家があった。やはり火事だったのだ。

　一階の窓からは真っ赤な炎が外へと吹きこぼれており、二階にも火の手が回り始めているようだった。辺りには、むせかえるような焦げた匂いが立ち込めている。

　その時、二階のベランダ窓が勢いよく開き、ドタバタと三つの人影が出てきた。逃げ遅れたのだろう、三十代くらいの夫婦で、その旦那さんの方には小学生ほどの女児が抱

かれていた。子供は金切り声を上げて、

「あついよぉ、怖いよぉ」

と泣き叫び、夫婦は必死に手を振りながら、

「助けてください、お願いします」

とシマダさんの方へ向かって涙ながらに声を上げている。

「すぐに助けを呼びますからね、安心してください！」

シマダさんは落ち着かせるようにそう声を掛け、すぐに携帯電話を取り出して一一九番へと通報した。電話先の職員に場所や逃げ遅れた人がいることなど、一通り情報を伝え、電話を切ると、家族を励ますように声を掛け続けた。

その間も火は衰えることなく勢いを増し続け、ベランダで熱さにもがき苦しむ三人の悲痛な叫びはどんどんと大きくなっていく。シマダさんはどうすることもできず、ただその様子を眺め、呆然と立ち尽くすことしかできなかった。目の前にいるにもかかわらず、助けることのできない罪悪感に苛まれていた。

まもなく、騒ぎを聞きつけたのか徐々に野次馬が集まり始め、消防車や救急車のサイレンの音が近付いてくるのを感じた。シマダさんは、後は野次馬や消防に任せようと、

火事現場を逃げるように後にした。

もうとっくにランニングをする気も、朝食を食べる気も失っていた。仕事中もあの家族の悲痛な叫びが脳内で延々と流れ続け、どうしても身が入らなかった。

(あの家族は無事に救出されたのだろうか。仮にされていなかったとしても、自分のできることは全部やったんだ。あれは誰にもどうしようもなかったんだ)

そう自分に言い聞かせていた。

翌日、新聞のローカル欄を確認すると、昨日の火事に関する記事を見つけた。あの後、家族がどうなったのか、気になっていたシマダさんはその記事に目を落とした。

記事には建物は消防隊員の懸命な消火活動により全焼は免れ、負傷者死亡者はなかったと書かれていた。よかった、あの家族は無事に助かったんだ。本当によかった。

シマダさんの心のわだかまりはスーッと解けていった。

記事にはまだ続きがあった。

『家主の夫婦は出火時、出掛けており不在だった』

そう記してあったという。

一つ余る

クロダさんは小学校四年生の時、林間学校に参加した。

太陽の日差しがポカポカと照らし、心地良い風が吹く日であった。山中の宿泊施設に着くと、慣れないご飯を作ったり、もちろん思いっきり遊んだりと、普段味わえないひとときを過ごす。楽しい時間はあっという間に過ぎるもので、すぐに就寝時間となった。

寝室はほぼ正方形になっており、部屋の四隅に二段ベッドが一つずつ並ぶ、計八人部屋である。彼は左手前のベッドの下段で寝ていた。

寝入ってからどれほど経った頃だろうか――。

コソコソ、クスクス、コソコソ、クスクス……。

何人かが小声で談笑する音で目を覚ました。部屋は暗いままだが、部屋の中心部あたりがほんのりと明るくなっている。寝ぼけ眼でそちらへ目をやると、懐中電灯を中心にルームメイトが集まり、何やら話をしていた。

ぼんやりとした頭で皆の話の輪に入る。

どうやら寝てしまうのはもったいないからと、これから内緒で持ってきていたトランプをしようということだった。

深夜に友達とルールを破り、先生にバレないようにトランプをする。それだけで心底ワクワクしたという。

全員で八人。人数が多いし、ババ抜きをすることになった。友達の一人がカードを人数分に配っていく。

さぁ、始めよう、とみると、一人分のトランプが余ってしまった。確認すると、八人全員しっかりと手札を持っている。間違えて九人分配ってしまったようだった。寝ぼけていたのか、はたまた数えミスだったのか。手札をまた配り直し、ババ抜きを始める。

トランプでひとしきり遊び終えると、一人が「喉が渇いた」と呟き、こっそりと食堂にお茶を飲みに行こうと言い出す。そうなると「俺も俺も」と皆で行くことになった。

昼間の雰囲気とは打って変わり、非常灯で照らされるだけの薄暗い食堂へ着くと、クロダさんが全員分のコップを出し、置いてあったヤカンからお茶を注ぐ。

そして、飲もうとすると、また一つ、お茶をいれたコップが余っている。

飲み終わったコップと余ったコップを数え直すも、今回は九個ではなくぴったり八個になる。それにもかかわらず、なぜか一つだけ余ってしまったのである。

八人とも全員揃っているし、皆も一様に「お茶を飲んだ」と言い張った。

「こわい、こわい」と言い出す子や「悪戯だろ」とおちょくる子など様々だが、深夜の異様なテンションのなか、「まぁ、いっか！」という誰かの一言で、それ以上追及することはなかった。


夜に皆と泊まり、こんな楽しい時間はそうそうなかった。

なので、そのまま寝室には戻らず、食堂の隣のホールでかくれんぼをすることになった。

ジャンケンはクロダさんが負け、鬼になってしまう。三十秒数え終わり、小声で「もういいかーい」と言い、皆を探しに向かう。

まずは探しやすい部分から探していく、上手いこと隠れているのか、なかなか見つからない。七人もいれば、一人くらいはすぐに見つかってもよさそうなのに……そう思いつつ、夢中になって探していると、パチッと明かりが点いた。

「おい、そこで何してる！」

怒声がホール内に反響した。入口には顔を真っ赤にし、仁王立ちしている先生がいた。

(や、やばいっ)

瞬時に色々な言い訳が頭の中を駆け巡ったが、怒り心頭の先生は一切聞く耳を持ってくれなかった。少しでも口を開こうものなら、「言い訳するな!」と怒鳴《どな》りつけられた。

一切話を聞いてくれない先生、怒られているのに隠れたままの友達。

「だって、だってぇ、部屋のみんなも一緒に遊んでたんだよ。かくれんぼしてて、僕は誘われただけなのに、みんなもやってたのに」

怒りと悔しさで半泣きになりながら、そう反論した。すると先生は一拍おいて、ため息をつくように言う。

「はぁー。あのな、みんなって誰のことだ? お前だけなんだよ、部屋を抜け出して遊んでいるのは。他の奴らはみんなしっかり寝ていたぞ」

先生にそう言われた瞬間、涙や嗚咽は一瞬にして引き、全身に鳥肌が立っていくのが分かった。

ついさっきまで遊んでいた子たち全員に〝首から上がなかったこと〟を思い出したのだ。最初からずっと。

あとがき

初めましての方、そうではない方。こんにちは、著者のＣｏｃｏと申します。本書をお読みいただき、誠にありがとうございます。存分に怪異をお楽しみいただけましたでしょうか？

この度、竹書房さんから実話怪談本を書かせていただくことになり、誇張なしで、この数ヶ月間はひたすら部屋に籠もりっきりでパソコンと睨めっこをする毎日でした。

そのなかで、怪談語りでは気が付けなかった部分が、書くことによって新たなる怪異を発見することができたり、再取材によってその体験者さんの別の体験談とのつながりが分かったりと、怪談の奥深さ、そして面白さを再認識する機会にもなりました。

話は変わりますが、実は竹書房さんとは何かとご縁があり、私が怪談師として初めて語った舞台が、忘れもしない「怪談最恐戦二〇一九　大阪予選」でした。そして昨年の『京都怪談　猿の聲』で作家デビューさせていただき、本書が初単著となります。

本書には最恐戦で語った怪談も掲載させていただいております。最恐戦では五分という制限があったため、大きく話を端折っていましたが、今回は全文読めますから、違いも楽しんでいただけたらと思います。

本書に載せきれなかった怪談も多数ありますので、第二弾と続きますように……。

そして、私はまだまだ怪談収集を行っております。恐怖体験をお持ちの方はお気軽に「京都怪談商店」までご連絡ください。

最後に、怪談を提供してくださった方、再取材に応じてくださった方、お声掛けくださった編集の中西さん、竹書房さん、本書に関わるすべての方々。そして、今読まれているそこのあなた。心から感謝しております。本当にありがとうございました。

それではみなさま、お憑かれ様でした。またお会いできるのを楽しみにしています。

令和五年四月　Ｃｏｃｏ

「京都怪談商店」https://occult666love.wixsite.com/kyotokwaidan

★読者アンケートのお願い

本書のご感想をお寄せください。
アンケートをお寄せいただきました方から抽選で
10名様に図書カードを差し上げます。
（締切：2023 年 6 月 30 日まで）

応募フォームはこちら

怪談怨霊館

2023年6月5日　初版第1刷発行

著者…………Coco
デザイン・DTP…………延澤 武
企画・編集…………Studio DARA

発行人…………後藤明信
発行所…………株式会社 竹書房
〒102-0075東京都千代田区三番町８－１三番町東急ビル６F
email：info@takeshobo.co.jp
http：//www.takeshobo.co.jp
印刷所…………中央精版印刷株式会社

「心霊スポット巡り」写真提供：Coco